Goethe, o libertador

José Ortega y Gasset

Goethe, o libertador

E OUTROS ENSAIOS

Organização e tradução

Ricardo Araújo
(Universidade de Brasília)

Sidney Barbosa
(Universidade de Brasília)

Guiomar Topf Monge
(Universidad de Sevilla)

ILUMI//URAS

Copyright © 2022 © Herederos de José Ortega y Gasset
Goethe, el libertador, 1932 © *Herederos de José Ortega y Gasset*; Pidiendo un Goethe desde dentro © *Herederos de José Ortega y Gasset*; En el segundo centenario del nacimiento de Goethe, 1949 © *Herederos de José Ortega y Gasset*; Alrededor de Goethe, 1949 © *Herederos de José Ortega y Gasset*; Segunda conferencia sobre Goethe en Aspen, 1949 © *Herederos de José Ortega y Gasset*

Copyright © desta edição e tradução
Editora Iluminuras Ltda.

Capa e projeto gráfico
Eder Cardoso / Iluminuras

Imagens
Capa: Retrato do poeta alemão J. W. Goethe, por Friedrich Weber, gravura em aço do século XIX [modificado digitalmente]
Página 4: Desenho de José Ortega e Gasset por Ignacio Zuloaga

Revisão
Monika Vibeskaia

CIP-BRASIL. CATALOGAÇÃO NA PUBLICAÇÃO
SINDICATO NACIONAL DOS EDITORES DE LIVROS, RJ
O88g

    Ortega y Gasset, José, 1883-1955
        Goethe, o libertador : e outros ensaios / José Ortega y Gasset ; organização e tradução Ricardo Araújo, Sidney Barbosa, Guiomar Topf Monge. - 1. ed. - São Paulo : Iluminuras, 2022.
    160 p.

        Tradução de: Goethe, el libertador; Pidiendo un Goethe desde dentro; En el segundo centenario del nacimiento de Goethe; Alrededor de Goethe; Segunda conferencia sobre Goethe en Aspen

    ISBN 978-65-5519-148-6

        1. Goethe, Johann Wolfgang von, 1749-1832. 2. Estética. 3. Goethe, Johann Wolfgang von, 1749-1832 - Discursos, ensaios, conferências. 4. Ensaios espanhóis. I. Araújo, Ricardo. II. Barbosa, Sidney. III. Monge, Guiomar Topf. IV. Título.

22-76252   CDD: 864
                          CDU: 82-4(460)

Meri Gleice Rodrigues de Souza - Bibliotecária - CRB-7/6439

2022
EDITORA ILUMINURAS LTDA.
Rua Inácio Pereira da Rocha, 389 – 05432-011 – São Paulo, SP – Brasil
Tel./ Fax: 55 11 3031-6161
iluminuras@iluminuras.com.br
www.iluminuras.com.br

Sumário

Goethe, o passo da marcha e da dança, 11
Ricardo Araújo

Goethe, o libertador, 27
Um Goethe do seu interior, 39
No segundo centenário do nascimento de Goethe, 87
Goethe e seu entorno, 95
Segunda conferência sobre Goethe em Aspen, 99

Grupo de Estudos "Tradução dos textos de estética de José Ortega y Gasset":
Ana Carolina Almeida Soares, *Licenciatura Letras Japonês*
Guiomar Topf Monge, *Professora Universidade de Sevilha*
Ivone Maria da Conceição de Araújo, *Universidade de Brasília*
Ricardo Araújo, *Universidade de Brasília*
Sidney Barbosa, *Universidade de Brasília*

AGRADECIMENTOS

Departamento de Teoria Literária e Literaturas e Instituto de Letras
(UnB – Universidade de Brasília)

Goethe, o passo da marcha e da dança

Ricardo Araújo

Como escrever um prefácio sobre os ensaios maravilhosos que Ortega y Gasset escreveu sobre o grande Goethe? Como Borges? Que em uma conferência sobre Shakespeare, ficou cinquenta minutos falando um único vocábulo "Shakespeare, Shakespeare, Shakespeare..." e quando se esgotou os cinquenta minutos, levantou-se, pôs o relógio no pulso que havia colocado na mesa no início da conferência, e todos os espectadores o aplaudiram de pé. Começo: Johann Wolfgang von Goethe (1749 Frankfurt — 1832 Weimar), "Goethe, Goethe, Goethe..." viveu um período de progressos e evoluções — a evolução é um processo natural, demorado, cansativo, Hegel dizia que a natureza é aborrecida, extensiva e quase monótona. Já a cidade, e a vida que se tem no progresso, são agitadas, ferventes e com outras espécies de aborrecimentos, com outra temporalidade para a demora, e outros tipos de monotonias. O núcleo de uma é o inverso da periferia da outra. A cidade é, para Hegel, o núcleo do "progresso", onde o homem se faz cidadão.

É nesse contexto que vive Goethe, enquanto sobrevive na marcha para o progresso que também encantou toda a sua época. Naqueles anos, palavras como "eletricidade", "mesmerismo", "magnetismo", "liberdade", "progresso" eram levantadas, anunciadas e repetidas com o tom bem distinto do que hoje as entendemos. O que Goethe, Hegel, Fichte entendiam naquelas palavras era o prenúncio do que Marx teorizaria como descolar-se do acaso, do azar e complementaria o que poderia significar hodiernamente, cabalmente, como "eletricidade" e "liberdade". Goethe nasce no Sacro Império Romano-Germânico e, portanto, sente o peso do passado do mito, que ainda estava incrustado nas muralhas romanas e na cópia daquelas no Império Romano do Oriente — ali ainda se sentia o peso do acaso, do azar, que sempre foi a lei imperante do mito: desfazer-se em pleno ar.

Marx transforma aquele mito em uma nova aurora em que o acaso gradualmente será metamorfoseado em planilhas, estatísticas e probabilidades, mas ainda sente a repercussão das vozes das figuras olímpicas — da floresta dos deuses silvestres, com o maior de todos — o "Grande" Pã — e no loiro alemão das selvas teutônicas (ainda saíam pelas narinas quentes, pelo calor da batalha, a vitória de Armínio, diante das tropas de Públio Quintiliano Varo!)... ainda no tempo de Goethe!

Não é outro o sentido que Marx vislumbra em "Para a crítica da Economia Política", aquele encontro entre crianças normais (gregas) e outro tipo de criança: aquelas cujas mitologias caminham parelhas às relações de produção e aquelas em que esse caminhar apresenta uma relação incongruente, desnivelada, "perpendicular", poder-se-ia dizer sem prumo: e mesmo assim Marx, diante das magistrais aulas do Professor Hegel, postula um *Hic Rhodus, hic saltus* que não é o mesmo do "Hieristdie Rose, Hieristdie tanze" (*Aqui está a rosa. Aqui está a dança*), da "Filosofia do Direito", de Hegel. Nessa transposição de Aesopo saltar seria em Hegel um desafio para movimentar-se esteticamente sem prumo. Hegel, nesse sentido, ao transformar o "salto" em "dança, *tanze*" cria a ironia de analogia (Aesopo, Marx). E Goethe também faz um percurso da analogia para ironia, pois consegue ficar *lá* em Rodes (analogia), e estar *cá* em Weimar (ironia). Desse modo, movimentou-se como o beija-flor, inclinado ao seu objeto quase homônimo, e assim compor marcha/dança/atleta/bailarina (Esopo/ Hegel/Marx-Valéry) e movimento da rosa. *Andar inclinado*, de andor, sem prumo e tenso, acaso e sorte, tornam-se sinônimos de desnivelamento, insegurança, medo; pavor primeiramente pela consciência que se tem da liberdade que, estampada nas bandeiras da revolução francesa, levou muitas cabeças a rolar do patíbulo real, e, o figurado, da história. Assim vive Goethe em seu tempo e *além dele*!

A "Crítica ao Direito Civil de Hegel", espaço teórico onde Marx refaz o esplêndido percurso daquele que foi seu mestre, através da concisa expressão, extraída da rosa bailarina hegeliana, "*opium* do povo", e, desse modo, a papoula se *iguala* à "beladona", que foi símbolo vigoroso dos alucinantes sabás em a *Feiticeira*, de Jules Michelet[1]. Em toda esta *horti-cultura*, para retomar João Cabral de Melo Neto, pode-se vislumbrar em um olhar diacrônico a *marcha/dança* da bruxa, e da beberagem entregue à Margarida, em *Fausto*. Desse modo, o mito pagão pinçado nessas passagens escorre dentro do tecido social cristão, por intermédio dessa flor/rosa, e assume uma especial simbologia na "Crítica da Filosofia do Direito de Hegel", onde Marx rejeita os espinhos e "as correntes" e expõe seu desejo de "colher as flores vivas", palavras simbólicas de um mundo em que seria melhor ser "homem livre no inferno que um escravo no paraíso". (Marx/Milton/Goethe).

Nessa flor, na qual sobrevive o mito antigo e o mito cristão, há ainda outro trajeto complementar, mas ao revés, nessa defesa da rosa, da flor. Desta feita, aparece como um mito pagão que sobrevive ao cristianismo, quebrando todas as fronteiras inimagináveis, de forma singela, no poema "Áporo" (*Rosa do Povo*, 1947, *opium*

[1] Michelet, Jules. A feiticeira. São Paulo, Circulo do Livro, 1984.

do povo, Estado Novo), verdadeiro patíbulo ao revés, pois se as cabeças mercê às guilhotinas ("cadafalso da história", para Hegel) eram decepadas e gravemente desciam em direção à terra, em Drummond, o processo é o oposto, pois do tecido terra/corpo brota a flor, *in ascension*, nascida dessa ênclise equilibrista ("forma-se": última palavra do poema) da lógica e da não lógica simultâneas, por que não verbalizar (: quântica): "em verde sozinha/antieuclidiana/ uma orquídea forma-se". Portanto, essa flor representa a sobrevivência do mito antigo e do mito cristão, nessa flor que "forma-se", que de repente brota e ganha o ar atmosférico [o "antieuclidiano, o vagar tenso, grave e sem prumo das diversas danças/ marchas das flores].

Associe-se a tudo isso ilustrado e se chegará ao sentimento de solidão de Fausto e ao significado da palavra liberdade nos tempos de Goethe. Esse sentimento de solidão é parelho aquele manifestado por Edgar Allan Poe, do poema "Alone" que é unicamente correspondido na *perfeita individualização* do artista, exposto na peculiaridade dos seus modos e trejeitos. Há uma personagem no livro *Of human Bondage* de Somerset Maugham, um poeta, Cronshaw, que utiliza roupas escuras e sempre fica em um canto de bar, bebendo e fumando rodeado de jovens estudantes. *Fausto* também vai para uma Taverna, com Mefistófeles, juntar-se com jovens universitários. Poe fazia o mesmo, vestindo roupas pretas — e ao avesso —, tomando vinho nas tavernas, tudo auxiliado pela dança do ópio. Alvares de Azevedo, ironicamente, retoma Goethe de Os sofrimentos do Jovem Werther, no belíssimo "É ela. É ela. É ela. É ela! É ela". Todo romantismo foi poesia e atitude, e por isso sobrevive nos poetas atuais. Essa atitude romântica encontra seu complemento na individualização, na força da palavra e da magia para revelar um "ser" que "se enxerga", como mais tarde Oscar Wilde "entenderá", como *persona*, uma personalidade, um filho da fama. Goethe inicia esse processo de conquista da fama. Ao ater-se em sua "individualização", sua particularidade de passo/marcha/dança, ele escapa da realidade do *percurso social do ser* para a *não realidade* do universo simbolista — como observa argutamente Ortega y Gasset — que o poeta alemão *ergue,* como uma espécie de pavimento, para uma maneira singular de andar diante da multidão: "une dança e marcha" (Valéry). e se apresenta como uma *Flor;* criando assim a possibilidade da perpendicularidade que implicará em uma outra forma de olhar, de visão. O olhar de lado para ver de frente (Edgar Allan Poe) em que a arte, a poesia sempre se alimentou. Oscar Wilde entendia "persona" como máscara autoconsciente, uma personalidade que criava seu palco e sua plateia e sua própria "proclamação", como ator social que escolhe e "vive" seu papel, seu "ser" na sociedade, dentro e fora do tablado. A ironia moderna ajustando-se à analogia da antiguidade (Octávio Paz): um papel, uma máscara, *persona*, — o Deus *Porsen*[2] dos destinos dos homens (analogia) — que transmite a tensão desse seu "ser", consciência da ironia!

Ortega y Gasset intuiu muito bem esse *passeio inclinado, perpendicular*[3], essa tessitura, forçada, grave, teatral, essa rosa dançante e em marcha, esse sem prumo, essa rosa dançante de Hegel, essa bela flor em ênclise de Drummond, que, de um lado, aponta para o entendimento do vocábulo liberdade; e, do outro, a criação de uma personalidade descolada do

[2] Franz Altheim, o historiador da religião romana, perseguindo a gêneses do vocábulo persona, e encontra que um dos deuses mais antigos do mediterrâneo se chamava Porsen ou Pursen — em etrusco *fersu*. Era o mesmo que na Grécia se chamava Dionisos; na Itália, Bachos; portanto, o deus dos mortos, e talvez esteja em relação com a divindade subterrânea Perséfone ou Proserpina. Como ocorre ao deus dos mortos, Porsen estava encarregado de reger o destino dos viventes. O homem, para obter seus favores, portanto, para lograr seu destino, sua personalidade, lhe ofertava sua máscara, a representação plástica de seu próprio rosto, portanto, o que parecia mais autêntico e essencial do ser humano, mas deformado em relação a figura do deus. E rosto — *os* — deve ter sido o nome mais antigo de máscara que por ser oferecida a Porsen passou a *logo* a chamar-se persona. Estas máscaras asseguradoras do destino individual eram penduradas em uma árvore sagrada. Influído pelo deus, esperava-se que os ventos ao moverem-se eludisse, sorteasse os eflúvios adversos, os destinos hostis. Isto se chamou o rito do rosto que se balança com o vai e vem do vento — *oscillans* —, é o rito oscilatório. (Ortega y Gasset, José. Sobre um Goethe bicentenário, cf. ensaio desse livro).

[3] Veja-se essa passagem de Ortega y Gasset: "O mesmo digo [sobre o eu goetheano] de sua famosa "tesura", de seu "andar" perpendicular. O caráter de Goethe goza de uma admirável elasticidade, que lhe proporciona uma faculdade ilimitada de acomodação. Seus dotes de mobilidade, de riqueza de tons, de perspicácia para com o contorno, são prodigiosos. Por que, contudo, teso, rígido? Por que avançava entre as pessoas levando seu corpo como se carrega nas procissões um estandarte? Não se deve dizer que isto não tem importância. "A figura do homem é o melhor texto possível para quanto se possa sentir ou dizer dele" (Stella). Suponho que não é licito incitar a você para que dedique um "fragmento fisiognômico" a Goethe!" (Ortega y Gasset, José. Um Goethe do seu interior, cf. ensaio desse livro).

rito teatral, quando em um desses ensaios sobre o autor de *Fausto* diz: "Macrobius relata que, de acordo com a doutrina antiquíssima dos egípcios, quatro divindades presenciam o nascimento do homem: *Daimon*, o espírito interior, o poder elementar que é nosso caráter; *Anankê*, ou seja, as necessidades implacáveis de nossa condição [humana]; *Eros*, isto é, a capacidade de sentir entusiasmo; finalmente, *Tyche*, o acaso. É surpreendente a coincidência desta antiquíssima concepção de nossa vida com o que recentemente encontramos ao propor a radical análise da condição humana. Goethe reconhece esses quatro ingredientes da nossa existência, descobertos por tal sabedoria antiga, mas adiciona mais um, o menos botânico que se pode imaginar: *Elpis*, a esperança".

Prossegue o pensador espanhol "depender pura e simplesmente de um poder sobre o qual não cabe exercer a menor influência, que é surdo, que é cego, que, a rigor, é... *Ninguém* — é demasiado horrível e, por isso, os homens tiveram que imaginar figuras de deuses mais acessíveis, a quem se pudesse abordar com a oração, o culto e o sacrifício. E essas figuras de deuses acessíveis foram postas como máscaras tranquilizadoras, sobre o Deus *Acaso*, para ocultar o Deus primevo que não tem rosto." É esse sentido iniciado por Goethe e desenvolvido por Oscar Wilde. O ator tem uma personalidade e um rosto sem deixar de receber as divindades que sobrevivem sob as interpretações das máscaras.

Do interregno de Goethe para Marx, passando por Hegel, a palavra "liberdade" e o vocábulo "eletricidade" estavam, de certo modo, filosoficamente associados. Se Benjamin Franklin conseguiu dominar e puxar o raio, por intermédio de uma simples criação infantil, uma pipa, o homem então poderia vislumbrar outra sorte (acaso) para os dados jogados ao ar (Mallarmé). Isto então tinha como significado de época que o homem poderia dominar a força mediúnica do raio, que na mitologia grega era disparado por Zeus, que eram fabricados pelos ciclopes (do grego "olho redondo", insinuando toda uma *weltanschauung*), Brontes, Estéropes e Arges[4], assim assinalados por Virgílio, na "Eneida". De Virgílio, época dos mitos, passando pelo cristianismo que moveu os raios em toda a Idade Média e permaneceu em Hegel como uma rosa, bailarina, que desafia o tempo do *falso* atleta daquela fábula de Esopo, citado por Marx, Hegel e Ortega y Gasset.

Falso atleta, porque a rosa de Hegel é a *bailarina-atleta* que desafia ainda outra lei; a lei da gravidade, que ainda era pouco conhecida em sua época e que por seu aspecto grave e cabal, despertava grandes, temerosas e doloridas experiências. Entendida sem seu aspecto mais elementar, por exemplo, o tombo de uma pessoa, era trasladado para o aspecto figurado: a queda de uma civilização, ou o declínio de um povo. Essa gravidade, essa queda Hegel a pressentia na história das civilizações. Hegel dizia, em

[4] "Brontes, Estéropes e Arges, eram os engenhosos ferreiros dos deuses do Olimpo".

sua *História Universal,* que quando voltamos nosso olhar para o passado o que primeiro vemos são ruínas, que seriam quedas na história, quebras de destinos. Para ele na História caminhamos entre as ruínas do egrégio. A História hegeliana como aspectos disfarçados de acaso — com o sentido de desconhecimento das quedas, das ruinas — estaria próxima de Heródoto, na qual os mitos aparecem em todos os nove livros.

Por isso Hegel para definir a verdade, em "O espírito do cristianismo e seu destino", utiliza o vocábulo "livre", pois a "liberdade" e a "eletricidade" passavam a ser domínio do povo, das pessoas, e não era mais um segredo da natureza, do mito e do Pai cristão, releve-se ainda que com o desenvolvimento das ciências físicas, o cristianismo começara a fazer um colossal ataque as descobertas científicas; "a verdade", dizia Hegel, "é ser livre que não podemos dominar, nem ser dominados por ela".

Goethe andava tenso, empertigado, de forma teatral, com passo singular. O que ocorria com Goethe? Sabemos que uma de suas grandes obras foi "Fausto", e lá o protagonista desejava uma nova vida, diante de um descontentamento *daquela própria vida* que, acrescente-se, não estava em contradição com a vida e os desejos reinantes de seus contemporâneos. O homem Fausto era acadêmico, de prestígio e, portanto, em exata correlação com o desenvolvimento das forças produtivas e, também, no cerne — para não dizer detentor — dos meios de produção. Qual o descontentamento então? O descontentamento é o mesmo presente na diferença das crianças gregas para as outras crianças de que falava Marx. Também é o mesmo que surgirá da recepção de vocábulos como "liberdade" e "eletricidade" — seja no mesmo período, seja de um período para outro. Esses dois tempos de duas vidas projetadas de forma sincrônica que é o que postula Fausto, revelam uma imagem, uma metáfora do tempo perdido e, simultaneamente, do tempo redescoberto. Proust deve muito a "Fausto", "celoso" de vidas. Esse processo segue passageiro para a tristeza, que logo abandona e volta a viver, como um *náufrago*, que perto da morte, encontra forças para nadar até a margem. Margem é um termo que designa limite, início ou fim, também significa o outro lado do rio, que transcorre e sobrevive nesses limites; ao homem que projeta essas duas margens, resta apenas a tristeza, que é no fim, um sentimento do imo. Ao projetar para fora esse triste descontentamento, Fausto encontra a maior imagem dessas margens e desse *campestre* rio: a melancolia! Talvez por isso Goethe andasse descontente, teatralmente, de lado, uma imagem em um andor, que por não conseguir impor-se à gravidade da marcha, desafia esse grave equilíbrio *diante* daqueles homens, que imitando a marcha militar andavam impecavelmente de forma ereta. A imagem do andor [permita-se uma referência ao mito] — *raciocinava:* "devo fingir que sigo reto, nesse andar de marcha, diferente da dança?" (Valéry). Goethe percebeu assim que a palavra "liberdade" e o "vocábulo "eletricidade" impunham a significação de equilíbrio semovente, entre ruínas, pelas quais corpo e espírito navegavam, em um movimento entre a marcha e a dança, a prosa e a poesia, e criou uma nova significação para a linguagem. Assim é como entendeu Walter Benjamin na melhor definição da metáfora, quando vislumbra a imagem de uma árvore caindo sobre uma outra sombra de *al* árvore, projetadas pelos raios solares: melancolicamente e conscientemente — não há melancolia sem a consciência dessa falta de prumo —, percebe o cristianismo projetado na sombra do mito greco-latino: "tudo que é sólido desmancha no ar" (Marx).

A melancolia é essa presentificação de uma gravidade forçada, e sem um átimo antigravitacional, que nosso olhar tenta apreender quando mergulha na tristeza e dela sai apegadamente, de pé: "magie": "apego-me à magia./ É uma salvação" (*Faust*, Noite, 1º Parte). Apegar-se é *impor-se por* si mesmo um centro gravitacional que equacione seu imo com o exterior e o relacione e o coloque de pé no universo. Dizem os biógrafos de Goethe que ele escrevia com o papel e a pena, apoiados nas costas de Charlotte von Stein, era um centro de gravitação e outro modo de olhar de lado para ver de frente que era "o andar de andor e descontente em *gesto teatral*, empertigado, *perpendicular!* Portanto para se chegar à vibração, "eletricidade", do ser individual até à completa individualização — na força da palavra e da magia que reina em um ser que se entende como num indivíduo e que assim faz porque isso caracteriza o que é e o que pensa, noutra palavra: *Liberdade!*, cujo significado Goethe compreendeu: de seu tempo para essa contemporaneidade tão conhecedora das sedimentações que se ocultam nos significados: *"Eu não posso considerar-me como seu mestre, mas sim posso chamar-me de seu libertador.* Assim esse vocábulo estaria prenunciado muito mais em uma representação da individualização de um indivíduo, a seiva que é liberada pela planta (*floema*), que Goethe chamava *personalidade* — aquela máscara, a máscara aludida, usadas pelos antigos atores gregos —, que o diferenciava da multidão. E que os românticos iniciaram e a universalizaram. Uma personalidade, uma Liberdade, seria esse gravitar livre em que o homem por não se importar de perder tudo (uma espécie de pressentimento de Jó), teria apenas como apego — palavra do mais interior do imo que liga ao exterior —, magia... e "luz, mais luz".[Haroldo de Campos, talvez na melhor tradução de "Fausto" de Goethe, cria uma palavra para denominar a Fausto e também a Goethe: "Transluciferização", quase *anos luz*. E assim "começo e recomeço", como início, borgeano :) Goethe.

P.S.: Ortega y Gasset faz uma sutil ironia, quase pura analogia neologística, entre *Gottesbewusstsein*, "consciência de Deus", "divina", e *Goethesbewusstsein*, consciência de Goethe, consciência do trabalho humano, artístico. Aqui se deve recordar a tradução criativa que Haroldo de Campos fez de *Faust*, "transluciferizaçãomefisto-fáustica" = *Haroltesbewusstsein,* consciência crítica, consciência artística do tradutor.

outubro de 2021

Goethe, o libertador

E OUTROS ENSAIOS

Goethe, o libertador

Goethe é um caso de consciência para o europeu de nosso tempo. Se em uma áspera sinceridade consigo mesmo se questiona o que é, em definitivo, Goethe para ele, encontra-se surpreendido com o que ignora. Não tem com respeito a Goethe a consciência limpa. Então se irrita contra esses cem anos de abundante filologia goethiana que lhe serve para tão pouco. Logo essa irritação abandona o caso singular que a tem provocado e, dilatando-se sobre uma enorme província da ciência — filologia, história literária, biografia — adquire um sentido representativo. Que "ciência" é essa que, depois de tão gigantescos trabalhos, de tanto dinheiro, de tanta atenção humana gastos com ela, não nos deixa nada entre as mãos? Será possível dilapidar dessa forma a maravilhosa força cósmica que é a "atenção humana"? A história do homem é a história das migrações de sua atenção. Diga-me ao que reparas e te direi quem tu és. Os povos germânicos têm nessa ordem uma máxima responsabilidade porque lhes corresponde também a glória máxima. Necessitam vigiar sua prodigiosa laboriosidade, para que não resulte em um vício. A vida é quefazer. Não se trata de que a vida se encontre com quefazeres, mas que ela não consiste em outra coisa que em quefazer. A vida é o que há que fazer. Quem tenta eludir essa condição substancial da vida, recebe dela o mais horrível castigo: ao querer não fazer nada, se aborrece, e então permanece condenada ao mais cruel dos trabalhos forçados, a "fazer tempo". O *fainéant*[1] é o que não faz nada — um horrendo suplício dantesco —. Até tal ponto é iniludível na vida seu imperativo de quefazer! Mas, ao fim e ao cabo, o ocioso não falsifica a vida: ele não fará o que *tem* que fazer, porém não o suplanta com nenhum outro quefazer positivo. Fabrica com os angustiosos suores de seu aborrecimento o vazio de todo quefazer. Isto não é falsificar sua vida. É simplesmente anulá-la, praticar um suicídio branco.

Em vez disso, o que faz algo, aquele que faz muito, porém não precisamente o que *tem* que fazer, esse falsifica sua vida. Este é o vício da laboriosidade. O homem que trabalha em qualquer coisa suborna sua consciência vital, a qual lhe sussurra que *não* é qualquer coisa o que deveria fazer, mas sim algo muito determinado. Uma vez que se tenha consagrado com o nome de "ciência" certa classe de ocupações rituais, muitos homens se dedicam a ela como ao ópio — para emudecer a inquietude radical de sua vida que *sottovoce*[2] (a voz da vocação) lhes exigiria um quefazer mais intenso e dramático —. Não:

---

[1] *Fainéant*, do francês: 'mandrião', 'malandro, preguiçoso, vadio'. Ainda: *fainénater* 'levar a vida de malandro, mandriar'. (N. T.)

[2] *Sottovoce* / *sottovoce*, do italiano: 'em voz baixa, murmurando'. (N. T.)

"ciência" não é qualquer coisa: é espumar do Universo as essencialidades. Nossa existência *necessita* delas; por isso *tem-se que fazer ciência*. E é possível que esta requeira acumular dados, reunir informações, colecionar documentos, etecetera, etc.; mas, bem entendido, todo esse labor só se justifica na medida rigorosa que conduza à busca de essencialidades. Quando a desproporção entre o trabalho empregado e este resultado, o único que justifica a ciência, é excessiva — como ocorre na filologia goethiana — entramos na suspeita de que a "ciência" é um vício e nada mais. E me ocorre pensar que é mais *fundo* e *seriamente* humano sentar-se a tomar o delicioso sol de janeiro, fumando cigarrinhos e cantarolando vagas canções, como faz o homem de Sevilla. Talvez Goethe me desse razão em algumas de suas horas; em outras não; porque o próprio Goethe, que francamente estimava apenas "o que fomenta a vida", quando não estava contente de si mesmo, tentava se tranquilizar com a ideia da mera atividade, como se o trabalho por si e não o sentido ou direção do trabalho fosse o decisivo.

Como o teólogo analisa *Gotesbewusstsein* (consciência de Deus), deveríamos fazer com nossa *Goethesbewusstsein*[3]. Então advertiríamos que o mais

---

[3] Ortega y Gasset faz uma sutil ironia, quase pura analogia neologística, entre *Gottesbewusstsein* (por erro falta uma letra em *Gotesbewusstsein*), 'consciência de Deus', divina, e *Goethesbewusstsein*, consciência de Goethe, consciência do trabalho humano, artístico. Aqui deve-se recordar a tradução criativa que Haroldo de Campos fez de *Faust*, "transluciferização mefistofáustica". (N. T.)

importante e positivo que de Goethe possuímos é o que nossa intimidade sente diante de si em sua primeira reação ao ouvir o nome de Goethe. Este som que para nós vem esvoaçando como fugido de um livro, de retratos, de alguns gestos, de umas anedotas, tudo o qual resume, é o nome de uma promessa. O nome de Goethe traz com ele a promessa de um homem que quis ser ele mesmo. E de imediato não temos uma ideia muito clara do que significa isso de "ser si mesmo"; porém, não obstante, queiramos ou não, essa promessa nos incendeia a alma, nos prepara para ignotas voluptuosidades soberanas, as quais são, a par, uma magnífica, ardente e enérgica disciplina. Em comparação com a evidente realidade que tem esta promessa goethiana, todo o mais é secundário e discutível. É discutível que a obra e a vida de Goethe *cumpram* essa promessa. É discutível que seja Goethe o homem que primeiro ou que mais intensamente tenha direito a significar essa promessa. O que não é discutível é que, com direito ou sem direito, no patrimônio de incitações que é o passado europeu, aquela promessa vá adstrita à voz de Goethe.

E é o caso que, nos últimos meses de sua vida, este velho mandarim toma um dia sua vida inteira na mão como que para sopesá-la, para precisar seus quilates, para definir o que nela havia de essencial. Comovedora hora em que esta alma, convertida em alquitara de seus oitenta anos vividos, destila de todas suas pedras e todos seus abrolhos somente a gota simbólica. E é curioso que então nos diz, não o que esta vida há sido para si mesma, mas sim o que há sido ou pode ser para os demais, para nós, especialmente para os alemães, mas especialmente para os jovens poetas de seu tempo. Não nos desorientam estas especializações, que tem aqui quase só um valor de planos de perspectiva. A poesia é o mais imediato para Goethe. É o modo mais radical de sua vida. Todos temos um modo radical no qual gravita o resto de nosso ser, o que não significa dizer que ele seja toda nossa vida. É, para nós, o plano mais próximo sobre o qual projetamos tudo o mais que, da mesma maneira, converte-se para nós em idioma privado com o qual entendemos ao falar com nós mesmos. O próprio Goethe nos indica que não fala só de poesia, nem apenas para jovens alemães. Fiquemos, pois, todos de ouvidos atentos, uma vez que, em rigor, dirige a todos a palavra. O que pensava Goethe haver sido para os demais? O que é que aos seus olhos justifica em última instância sua existência? "Eu não posso considerar-me como seu mestre, mas sim posso chamar-me de seu libertador". Nada mais? Nada mais.

Ao comentar esta expressão, omitiu-se sublinha-la com um grande gesto de surpresa. Como? Goethe falando da liberdade? Deve-se constar que sendo essa palavra, entre as pertencentes ao estrato superior do léxico a que mais vezes utilizaram na época em que inscreve sua vida, Goethe a evitou constantemente. Ademais das palavras que designam coisas materiais ou espirituais, cada geração necessita uns quantos vocábulos onde possa alojar seus entusiasmos. O significado concreto que acidentalmente possuem, é o de menos: o essencial é que têm sido elegidas para dizer com elas o indizível, o radical fervor ou o radical terror que constituem em cada tempo os mecanismos decisivos da vida humana. Até 1880 as duas palavras místicas que ao ressoar estremeciam os corações ocidentais eram estas: "liberdade", "eletricidade". Leia os livros românticos alemães e franceses e vereis como de chofre, quando menos se espera, quando o autor não sabe como qualificar elegantemente algo, o autor dirá que é "elétrico". Volta[4], depois Faraday[5], colocaram a mão sobre esta nova forma, tão estranha, da energia cósmica, e as sacudidelas que a pilha daquele produzia lhes causava, sem mais, o simples vocábulo "eletricidade". Motivos de mais funda raiz histórica concentraram no vocábulo "liberdade" a máxima irradiação da potência espiritual. Desde 1780, se chamou na Europa "liberdade" tudo o que exacerbava e entusiasmava, como os gregos chamaram *Kalon*[6] as

---

[4] Alexandre Volta (1745-1827), físico italiano que estudou os efeitos da eletricidade e inventou o condensador. Foi um dos idealizadores da pilha que leva seu nome. (N. T.)

[5] Michael Faraday (1791-1867). Um físico inglês extraordinário, descobridor dos efeitos eletromagnéticos, no qual um dos pilares utiliza seu nome. Elogiado por James Clerk Maxwell e por Albert Einstein como um dos maiores nomes da Física contemporânea, ao lado de Isaac Newton. Fez uma série de inteligentes palestras sobre as forças físicas da matéria (traduzida para o português sob o título *A história química de uma vela — As forças físicas da matéria*. Rio de Janeiro, Ed. Contraponto, 2003). (N. T.)

[6] *Kalón*, do grego antigo: 'que merece admiração', 'aquilo que agrada'. (N. T.)

coisas mais díspares contanto que coincidissem em seu efeito alcoólico. O menestrel de Paris morria gritando "liberdade" da barricada, enquanto em Jena, a poucos metros do Castelo onde Goethe trabalhava, Fichte gritava "Liberdade", do fundo de sua alma esplêndida, incandescente, frenética... E a verdade é que ambos — o menestrel e o meditador — referiam-se com o mesmo rumor a coisas nada aparentadas entre si. Talvez seja possível assegurar que o que Fichte e Hegel insuflavam na palavra liberdade não tinha nada ou muito pouco que ver com o que esta palavra significava, usada com decoroso rigor verbal. Muito bem: enquanto assim, só Goethe recusava pronunciar. Eis aqui que nessa hora quase final, quase já desde outra margem da vida, Goethe se volta para nós, os viventes, para resumir sua existência desde o transmundo, e o que nos diz é "Liberdade". Logo, com seu andar perpendicular, desaparece no silêncio absoluto...

Porém não podemos entreter-nos neste ponto, ainda que muito importante.

Ao definir-se como nosso libertador, Goethe anuncia e enuncia a promessa que para nós virá a ser. Não sinaliza-nos esta ou outra obra sua, este ou outro ato de sua vida como o definitivamente valioso, mas sim conduz nosso olhar para o conjunto de tudo isso e nos apresenta o extratado na simples abreviatura de um movimento liberador. E é como se dissera: eu tenho sido o que quis libertar-se e meu exemplo os liberta a vocês.

A liberdade é um movimento com seu *terminus a quo* e seu *terminus ad quem*. De quê nos liberta Goethe e para quê? "Posso chamar-me seu libertador — diz aos jovens — porque em mim hão averiguado que como o homem vive de dentro afora, também o artista tem que criar de dentro afora, uma vez que, faça os gestos que faça, não poderá nunca dar à luz outra coisa que seu próprio indivíduo." A libertação de que se trata é, pois, a *libertação para si mesmo*. O *terminus a quo* é... o *demais*, o que não é o "si mesmo."

Este velho mandarim me convida a evadir-me do *demais* como de uma prisão e a instalar-me em mim mesmo. Não sabemos bem no que consiste o "mim mesmo". Não importa: "ser a si mesmo" nos representa a carícia mais secreta e profunda, é como se acariciassem nossa raiz. É a promessa da máxima voluptuosidade. Recordai os versos mais citados de Goethe "A suma delícia das criaturas é apenas a personalidade" (o ser mesmo). Como Nijinsky em *Scherazade*[7], sem preocupação alguma, apenas aberta a porta da prisão, damos o enorme brinco para a delícia de ser a si mesmo. Vamos apalpar, tremulando de prazer, as morbidezes do eu. Mas..., onde está? Buscamos em torno e não o achamos. Penetramos no nosso interior seguros de encontrá-lo. *In interiore homine habitat veritas* — havia

---

[7] *Scheherazade*, peça sinfônica, composta por Nikolai Rimsky-Korsakov em 1888, baseada nas *Mil e uma noites*. Em 1910, Michel Fokine utilizou a música para um balé, no qual participaram Vaslav Nijinski, (Kiev, 1889-1850) no papel principal, e Leon Bakst, na preparação do figurino e do cenário. (N. T.)

dito Santo Agostinho. Imaginamos nosso interior como um recinto, uma câmara hermética e limitada, onde nosso eu não pode perder-se, escapulir-se, afugentar-se. Ali não haverá escape: podemos deixar nosso eu com a mão no pescoço, como faz a polícia com o ladrão encurralado. E, com efeito, nossa intimidade tem suas quatro paredes bem definidas. O problemático é o fundo, *nosso* fundo. Perguntamo-nos: eu creio *nesse fundo* aquilo que aparentemente creio — em política, em arte, em ciência, em amor? Porque o "eu mesmo" consistirá no que eu seja no fundo. E começo a levantar os solos da minha intimidade, como um arqueólogo que busca sob a graça da paisagem visível a autêntica Troia de Príamo e Eneias. Vã tentativa! As camadas geológicas de meu *fundo* se sucedem uma sob as outras, com sua fauna variada, suave e atroz. Eu não sou este último, nem este de mais abaixo. São falsos *eus* que me têm colonizado, que vêm de fora: ideias recebidas, preferências que o contorno me impôs, sentimentos de contagio, personalidades minhas que a todo o momento pude revogar, substituir, modificar. E eu, incitado por Goethe a esta excursão vertical, busco meu "eu mesmo", não um eu qualquer: meu eu necessário, irrevogável. Não é este exasperado afã por fincar pé na terra firme, na autoctonia de si mesmo, o que mobiliza todas as grandes figuras de Goethe? Werther, demasiado simples, demasiado débil, demasiado "elétrico", desespera de encontrar-se. Suícidio?

Não, Werther dispara a pistola sobre o namorado de Carlota como se sobre um transeunte. Era um de seus *eus*, que passava diante de seu autêntico eu e lhe interceptava a comunicação com este. A prova disso é que, se a ferida não tivesse sido mortal, poderíamos imaginar toda uma biografia de Werther mais além do suicídio — a de Goethe —, Wolfgang entre as garras da paixão cega, o fraque azul, como uma camisa de serpente, e ele se escorre, liberta-se mais além, nadando em direção à custa de si mesmo.

Nosso fundo é mais abismático do que supúnhamos. Por isso não há meio de capturar nosso "eu mesmo" na intimidade. Escapa pela escotilha, como Mefistófeles no teatro. Goethe nos propõe outro método, que é o verdadeiro. Em vez de nos colocar a contemplar nosso interior, saíamos para fora. A vida é precisamente um inexorável afora! Um incessante sair de si ao Universo. Se eu pudesse viver dentro de mim, faltaria ao que chamamos vida seu atributo essencial: ter que suster-se em um elemento antagônico, no contorno, nas circunstâncias. Esta é a diferença entre Deus e nós. Ele está dentro de si, flutua em si mesmo. Isto não é vida: é beatitude, felicidade. Deus se dá o gosto de *ser* si mesmo. Mas a vida humana é precisamente a luta, o esforço, sempre mais ou menos falho, de ser si mesmo. A rigor, para Deus não há um dentro nem um fora, porque não vive. A contraposição surge no caso do homem; é ele um dentro que tem que converter-se em um fora. Neste sentido a vida é constitutivamente ação e quefazer. O *dentro*, o "mim mesmo", não é uma coisa espiritual frente às coisas corporais do contorno. A psique não é senão um quase corpo, um corpo fluído ou espectral. Quando vejo, o contorno físico de costas, essa suposta intimidade minha, o que encontro é minha paisagem psíquica, porém não meu eu. Isto não é uma coisa, mas sim um programa de quefazeres, uma norma e perfil de conduta. Por isso, no mesmo pedaço quase de além-túmulo que agora comentamos Goethe explica seu ato libertador de si mesmo dizendo: "Agora já não tens uma norma — entende-se recebida —; agora tens que dar-lhes a vocês mesmos".

Agora se compreende por que o eu resulta inacessível quando o buscamos. Buscar é uma operação contemplativa, intelectual. Contempla-se só, vê-se, buscam-se coisas. Porém a norma surge na ação. No choque enérgico com o fora brota clara a voz de dentro como programa de conduta. Um programa que se realiza é um dentro que se faz um fora.

Goethe não foi um "idealista" apesar de ter vivido no foco mesmo do idealismo. O idealismo é aquele movimento que começa decididamente com Descartes e que leva o homem a encerrar-se dentro de si. Sua forma extrema é a mônada de Leibniz, que não tem janelas, que exclui o fora. A mônada vem submergida em seu próprio elemento. Seria por isso, pelo que Leibniz diz dela que é um *petit Dieu*? É lástima que Goethe não possuía dom filosófico. Suas ideias soem desvirtuar sua intuição. Vivamos de sua promessa; oprimamos o contorno com o perfil secreto e programático de nosso "eu mesmo".

1932

Tradução Ricardo Araújo e Guiomar Topf Monge

Um Goethe do seu interior
Carta a um alemão

Você solicita a mim, querido amigo[1], algo sobre Goethe, pela ocasião do centenário, e fiz alguns esforços para ver se poderia satisfazer seus desejos. Há muitos anos que não lia Goethe — por quê? — e voltei a deslizar por entre os tomos densos de suas obras completas. Mas logo compreendi que minha boa vontade iria fracassar, que não poderia fazer o que você me pede. Por muitas razões, esta é a primeira: não aprecio centenários. Porém, é para onde você me convida? Hoje há algum europeu que esteja disposto de forma adequada para celebrar centenários? Preocupa-nos com bastante rigor este 1932 para que consigamos colocar em uma de suas datas aquele 1832. Mas não é isso, não obstante, o pior. O pior é que ao fazer-se tão problemática nossa vida de 1932, o mais problemático dela é nossa relação com o passado. Nós não damos uma boa conta disso, porque o presente e o futuro apresentam sempre um dramatismo mais espetacular. Mas o caso é que o presente e o futuro

---

[1] Estas páginas foram escritas para a revista de Berlin, *Die neue Rundschau*, que publicou um número dedicado a Goethe, ao mesmo tempo em que a *Revista de Occidente*. (Nota de Ortega y Gasset)

têm se apresentado ao homem muitas vezes tanto ou mais difíceis e amargos que agora. O que dá a nossa situação atual um caráter de insólita gravidade nos fastos humanos não radica tanto nessas duas dimensões do tempo como na outra. Se o europeu faz com alguma perspicácia balanço de sua situação, advertirá que não se desespera do presente nem do futuro, senão precisamente do pretérito.

A vida é uma operação que se faz para adiante. Se vive *desde* o porvir, porque viver consiste inexoravelmente em um fazer, em um fazer-se a vida de cada um por si mesma. Trata-se de encolher a terrível realidade de chamar "ação" a esse "fazer". A "ação" é só o começo do "fazer". É só o momento de decidir o que se vai fazer, de decidir-se. É certo, pois que se diga: *Am Anfang war die Tat.*[2] Mas a vida não é apenas começo. O começo já é o *agora*. E a vida é continuação, é pervivência no instante que vai chegar mais além do agora. Por isso segue angustiada sob um imperativo iniludível de idealização. Não basta

---

[2] *No princípio da* [sic] *ação.* (Nota de Ortega y Gasset) [Trata-se de uma citação do próprio Goethe proveniente da primeira parte de sua obra *Fausto*. A situação ocorre antes da primeira aparição de Mefistófeles, quando Fausto se encontra em seu gabinete de estudo e se propõe traduzir o versículo "Am Anfangwar das Wort", ou seja, 'No princípio era o Verbo' (João, 1, 1). Fausto, supostamente, quer fazer uma tradução do grego e deseja uma tradução adequada do vocábulo grego *logos*. Rejeita a versão que tem em mãos, segundo a qual *logos* se traduz *Wort*, 'verbo' ou 'palavra', porque não o convence como significação para o princípio primigênio e universal. Depois de utilizar *Sinn* 'sentido' e *Kraft* 'força', decide-se finalmente pela expressão "Am Anfangwar die Tat" ('No princípio era a Ação'). Esta expressão resume de maneira excepcional a inquietude de Fausto. Ele não se conforma com o conhecimento intelectual e embarca na vida intensa que Mefistófeles pode lhe proporcionar.] (N. T.)

a ação, que é uma mera decisão de alguém — senão que é *míster* fabricar o decidido, executá-lo, lográ-lo. Esta exigência de efetiva realização no mundo, mas além de nossa mera subjetividade e intenção, é o que expressa o "fazer". Isso nos obriga a buscar meios para perviver, para executar o futuro, e então descobrimos o passado como arsenal de instrumentos, de meios, de receitas, de normas. O homem que conserva a fé no passado não se assusta com o porvir, porque está seguro de encontrar naquele a tática, a via, o método para suster-se no problemático amanhã. O futuro é o horizonte dos problemas, o passado a terra firme dos métodos, dos caminhos que cremos ter sob nossos pés. Pense senhor, querido amigo, a terrível situação do homem a quem de chofre o passado, o seguro, torna-se problemático, torna-se abismo. Antes, o perigo parecia estar só diante dele no azarado futuro; agora o encontra também às suas costas e sob seus pés.

Não ocorre conosco algo parecido? Acreditávamos ser herdeiros de um passado magnífico e que poderíamos viver de sua renda. Agora quando o porvir nos aperta um pouco mais fortemente do que ocorria nas últimas gerações, olhamos para trás buscando, como era habitual para nós, as armas tradicionais; mas quando as colocamos nas mãos vemos que são espadas de caniço, gestos insuficientes, *attrezzo*[3] teatral que se quebra

---

[3] *Attrezzo*, do italiano: 'objetos ou vestuários utilizados em cena pelos atores'. (N. T.)

diante do duro bronze do nosso futuro, dos nossos problemas. E subitamente nos sentimos deserdados, sem tradição, indigentes, como recém-chegados à vida, sem predecessores. Os romanos chamavam patrícios aos filhos de alguém que podia atestar e deixava herança. Os outros eram proletários, descendentes, mas não herdeiros. Nossa herança consistia nos métodos, ou seja, nos clássicos. Porém, a crise europeia, que é a crise do mundo, pode ser diagnosticada como uma crise de todo o classicismo. Temos a impressão de que os caminhos tradicionais não nos servem para resolver nossos problemas. Sobre os clássicos pode-se continuar ainda escrevendo livros indefinidamente. O mais fácil que pode fazer-se com uma coisa é escrever um livro a respeito dela. O difícil é viver dela. Podemos viver de nossos clássicos hoje? A Europa não padece hoje de uma estranha proletarização espiritual?

O fracasso da Universidade diante das necessidades atuais do homem — o tremendo fato de que na Europa a Universidade deixou de ser um *pouvoir spirituel* — é só uma consequência daquela crise, porque a Universidade é classicismo.

Tais circunstâncias não são as mais opostas aos espíritos dos centenários? Nas festas dos centenários o rico herdeiro repassa o tesouro que os séculos têm destilado. Porém é triste, depressivo, repassar um tesouro de moedas desvalorizadas. Tal ocupação não serve para outra coisa que confirmarmos a insuficiência do clássico. À fria luz, exigente, inexorável da urgente presença vital, a figura do clássico se decompõe em meras frases e ostentações. Nos últimos meses celebramos os centenários de dois gigantes — Santo Agostinho e Hegel — e o resultado foi deplorável. Nem sobre um nem sobre o outro foi possível publicar, por tal motivo, uma só página nutritiva e alentadora.

Nossa disposição é precisamente inversa àquela que nos inspira atos de culto. Na hora do perigo, a vida sacode tudo que nela não é essencial, excrecência, tecido adiposo, e procura desnudar-se, reduzir ao que é puro nervo, puro músculo. Nisso radica a salvação da Europa — na contração ao essencial.

A vida é em si mesma, e sempre, um naufrágio. Naufragar não é afogar-se. O pobre humano, sentindo que submerge no abismo, agita os braços para manter-se flutuando. Essa agitação dos braços que provoca a sua própria perdição é a cultura — um movimento de natação. Quando a cultura não passa disso, cumpre seu sentido e o humano ascende sobre seu próprio abismo. Porém dez séculos de continuidade cultural trazem consigo, entre não poucas vantagens, o grande inconveniente de que o homem se sente seguro, perde a emoção do naufrágio e sua cultura vai sendo carregada de obra parasitária e linfática. Por isso é preciso sobrevir alguma descontinuidade que renove no homem a sensação de perda, substância de sua vida. É preciso que em torno dele falhem todos os mecanismos flutuadores, que não encontre nada para agarrar-se. Então seus braços voltarão a agitar-se salvadoramente.

A consciência do naufrágio, ao ser a verdade da vida, é já a salvação. Por isso, eu não creio mais que nos pensamentos dos náufragos. É preciso citar os clássicos diante de um tribunal de náufragos para que respondam ali a certas perguntas peremptórias que se referem à autêntica vida.

Que figura faria Goethe diante esse tribunal? Poder-se-ia pensar que é o mais questionável de todos os clássicos, porque é o clássico em segunda potência, o clássico que por sua vez viveu dos clássicos, o protótipo do herdeiro espiritual, coisa de que ele mesmo se deu tão clara conta; em suma, representa entre os clássicos o *patrício*. Este homem se manteve com as rendas de todo o passado. Sua criação tem não pouco de mera administração das riquezas recebidas e por isso, em sua obra como em sua vida, não falta nunca essa facção filisteia que o administrador sempre possui. Ademais, se todos os clássicos o são, em definitivo, *para* a vida, ele pretende ser o artista da vida, o clássico *da* vida. Deve, pois, com mais rigor que nenhum justificar-se *ante* a vida.

Como você pode ver, em vez de enviar-lhe algo para o centenário de Goethe, preciso sim pedi-lo a você. A operação necessária para submeter Goethe é muito séria e de fibra para quem não é alemão tentar fazer. Atreva-se você a empreendê-la. A Alemanha nos deve um bom livro sobre Goethe. Até agora, o único legível é o de Simmel,[4] ainda que, como todos de Simmel, seja insuficiente, porque aquele agudo espírito, espécie de ardil filosófico, nunca trazia o problema do assunto que elegia, antes, sim, o aceitava como uma plataforma para executar sobre ela seus maravilhosos exercícios de análise. Este tem sido, por outro lado, o defeito substantivo de todos os livros alemães sobre Goethe: o autor trabalha *sobre* Goethe, porém não fez dele a questão, não o pôs em questão, não tem trabalhado por *debaixo* de Goethe. Basta advertir a frequência com que empregam as palavras "gênio", "titã" e demais vocábulos sem perfil, que não utilizam mais que os alemães, para compreender que é tudo isso estéril beataria goethiana. Tente você o contrário, querido amigo. Faça você o que Schiller nos propunha: tratar Goethe "como uma casta orgulhosa, a quem se deve fazer um filho para humilhá-la diante do mundo". Escreva-nos você um Goethe para náufragos.

Nem creio que Goethe recuse-se essa reclamação diante de um tribunal de vitais urgências. Talvez seja o mais goethiano que se possa fazer com Goethe. Fez ele outra coisa com os demais, como todos os demais? *Hic, Rhodus, hic salta.* Aqui está a vida, aqui se deve dançar.[5] Quem quiser salvar Goethe, deve buscá-lo aí.

---

[4] Georg Simmel (1858-1918), filósofo e sociólogo alemão, publicou em 1913 um livro titulado "Goethe", no qual procura responder à questão: "Was ist der geistige Sinn der Goetheschen Existenz überhaupt?" ('Qual é o derradeiro sentido espiritual da existência de Goethe?'). (N. T.)

[5] *Hic, Rhodus, hic salta*, do latim: 'Aqui é Rodes, salta aqui!', é extraída de uma expressão de uma fábula de Esopo em que se discorre sobre um fanfarrão que,

invocando testemunhas que estavam conversando em uma praça, afirmava que uma vez, na ilha de Rodes, conseguira dar um salto tão grande como aqueles feitos pelos atletas nos jogos olímpicos. Os que o escutavam responderam-lhe: "Aqui está Rodes, salta aqui!" No sentido figurado significa: aqui é que está o essencial, aqui é que é preciso demonstrar, tanto faz o lugar e a data, ou seja, se saltou em Rodes, ora salte aqui também: "faça!" Karl Marx usou a expressão *Hic Rhodus, hic salta!* no tomo I, livro IV, 2 — 1867 — (*apud* Marx, *O Capital.* São Paulo, Abril, 1982, p.138), "Contradições da fórmula geral". Ali Marx retoma os postulados de "Para a crítica da Economia Política", para através de belas metáforas, "Sai metamorfose em borboleta [da *mercadoria*] tem de ocorrer na esfera da circulação e não tem de ocorrer na esfera da circulação" (*Ibidem*). Marx utiliza a frase de Esopo que também alude à ironia de fazer o salto e não fazer o salto ao mesmo tempo. Deve-se relembrar que o autor de *O Capital* está falando do paradoxo que somente pode ser elucidado no processo constitutivo da mercadoria e, nesse desenvolvimento, o desvelamento da mais-valia, que, em um paralelo, apontaria para o "fanfarrão" da fábula, que se apresentava — na mercadoria — com a roupagem monetária no processo de produção. Em outro momento, Marx utiliza, *mutatis mutandis*, a mesma sentença de Esopo, em 1852, quando publica "O 18 Brumário de Luís Bonaparte (São Paulo, Paz e Terra, 1974, p. 21). Nessa primeira citação do texto de Esopo, Marx busca um sentido político e utiliza a expressão da "Fábula" como metáfora para falar das etapas que se observam nos avanços e retrocessos que ocorreram nas marchas revolucionárias da Revolução francesa de 4 de maio de 1848 a 2 de dezembro de 1851, e que Marx divide em três períodos de acontecimentos revolucionários, para, finalmente, afirmar que as revoluções proletárias, em oposição às outras *revoluções burguesas* "se criticam constantemente (...) voltam para rever o que tinham resolvido, começam e recomeçam em uma luta permanente para derrubar seu adversário e quando o fazem parece que o desenvolvem para que o gigante burguês "agigantado diante delas" [as revoluções] se levante de novo" (p. 21). Nesse processo, os proletários tomam consciência da "magnitude de seus esforços até que se cria uma situação que torna impossível qualquer retrocesso e na qual as próprias condições gritam: "*Hic Rhodus, Hic Salta*". O autor de *O Capital* estabelece assim uma analogia com as ideias de Hegel (*Princípios da Filosofia do Direito*, 1820) para mudar sutilmente os postulados hegelianos e, desse modo, ajustar-se assim na composição do materialismo dialético. Nesse processo quando Hegel cita a "fórmula" de Esopo, estabelece alguns pontos importantes de sua filosofia. Hegel faz algumas alterações nessa "fórmula", pois transcreve em dois momentos a Fábula. Primeiro, "*Hic Rhodus, Hic Saltus*" (p. 15) e algumas linhas depois na bela transposição em alemão "Hier ist die Rose, hier tanze" ('Aqui está a rosa, dança aqui'). Porque, para Hegel, "a ciência do Estado nada mais quer representar senão uma tentativa para conceber o Estado como algo racional em si" (p. 15). E continua, para justificar a mudança na "fórmula" de Esopo, do "estado como

Porém, eu não vejo que se possa extrair hoje benefício de sua obra se não se colocar, de forma diferente da usual, o problema de sua vida. As biografias de Goethe têm sido elaboradas segundo uma ótica monumental. Seus autores parecem ter recebido a tarefa de esculpir uma estátua para uma praça pública, ou, vice-versa, de compor guias para o turismo goethiano. Trata-se, em definitivo, de andar *em torno* de Goethe. Por isso, é importante para eles esculpir uma figura com forma exterior muito clara, sem problemas para o olho, de grandes linhas. A óptica monumental tem, de imediato, estes quatro inconvenientes: uma visão solene, desde fora, a distância e sem dinamismo genético. Este monumentalismo ressalta tanto mais quanto maior seja o número de anedotas e detalhes que o biógrafo nos comunique, porque a perspectiva macroscópica e

---

deve ser", "ideal", e finalmente complementa dizendo que a filosofia tem que conceber o que é "porque o que é a razão" (p. 15) e, portanto, o indivíduo está configurado no tempo "pensa o tempo" (p. 15). Assim: "Tão grande loucura é imaginar que uma filosofia ultrapassará o mundo contemporâneo como acreditar que um indivíduo saltará para fora do tempo, transporá Rhodus" (p. 14-15). Assim para que ocorra esse fenômeno, "transpor Rhodus", fora do espaço e tempo, Hegel argumenta pela negação: "se uma filosofia ultrapassar estes limites (...) construir um mundo tal como deveria ser". Ele então complementa que isso se trata-se apenas de uma opinião, um "elemento inconsciente (...) que deseja se adaptar a qualquer forma". O que, finalmente, corresponderia na mudança da "fórmula" de Esopo, que para o filósofo alemão estaria completamente fora do tempo e espaço: "Aqui está a rosa, aqui vamos dançar" (p. 15). E é assim que Ortega y Gasset traduz em outra fórmula que, de certo modo, compreende, de forma genial, os planos marxiano e hegeliano: *Hic Rhodus, hic salta*. "Aqui está a vida, aqui se deve dançar." Em resumo os três vislumbravam, quando as sombras da noite caiam, o levantar voo do pássaro de Minerva — a coruja, homérica e ovidiana, está em Hegel, Marx e Ortega y Gasset. (N. T.)

distante em que está construída a figura não nos permite vê-los nela, entretecidos com sua forma, e permanece sem significação, entre nossas mãos.

O Goethe que eu postulo de você deverá ser feito sob uma óptica inversa. Peço a você um Goethe desde dentro.

Desde dentro de quem? De Goethe? Mas... *quem* é Goethe? Não sei se você entende bem a pergunta. Tentarei esclarecê-la. Se você pergunta a si mesmo, com rigor e peremptoriedade quem sou eu? — não, o que sou eu? — mas sim quem é *esse eu* de que falo a toda hora de minha existência cotidiana? — dar-se-á conta do incrível descaminho em que tem caminhado a filosofia sempre ao chamar "eu" às coisas mais extravagantes, porém nunca a isso que você chama "eu" em sua existência cotidiana. Esse eu que você é, meu amigo, não consiste em seu corpo, porém tampouco em sua alma, consciência ou caráter. Você tem se encontrado com um corpo, com uma alma, com um caráter determinados, da mesma forma que você tem se encontrado com uma fortuna que lhe deixaram seus pais, com a terra em que nasceu e a sociedade humana em que se movimenta. Como você não é seu fígado, são ou enfermo, você tampouco é sua memória, feliz ou deficiente, nem sua vontade, contida ou laxa, nem sua inteligência, aguda ou roma. O eu que você é tem se encontrado com certas coisas corporais ou psíquicas ao se encontrar vivendo. Você é quem tem que viver *com* elas, *mediante* elas, e talvez passe você a vida protestando diante da alma com a qual você foi dotado — de sua falta de vontade, por exemplo — como você reclama de seu estômago ou do frio que faz em seu país. A alma permanece, pois, tão fora do eu que você é como a paisagem em volta do seu corpo. Se quiser, pode-se dizer que a sua alma é, das coisas que você tem encontrado, a mais próxima a você, mas não é você mesmo. Deve-se aprender a se libertar da sugestão tradicional que faz consistir a realidade sempre em alguma *coisa*, seja corporal, seja mental. Você não é coisa alguma, é simplesmente aquele que tem que viver *com* as coisas, *entre* as coisas, quem tem que viver não uma vida qualquer, mas sim uma determinada vida. Não há um viver abstrato. Vida significa a obrigatória inexorabilidade de realizar o projeto de existência que cada um é. Esse projeto em que consiste o "eu" não é uma ideia ou plano idealizado pelo homem e livremente elegido. É anterior, no sentido de independente, a todas as ideias que sua inteligência forme, a todas decisões de sua vontade. Mais ainda, de ordinário não temos dele mais que um vago conhecimento. Não obstante, é nosso autêntico *ser*, é nosso destino. Nossa vontade é livre para *realizar ou não* esse projeto vital que ultimamente somos, porém não pode corrigi-lo, mudá-lo, prescindir dele ou substituí-lo. Somos indelevelmente esse único personagem programático que necessita realizar-se. O mundo em torno ou nosso próprio caráter nos facilitam ou dificultam mais ou menos essa realização. A vida é constitutivamente um drama, porque é a frenética luta com as coisas e ainda com nosso caráter para conseguir o que somos de fato, o que somos em projeto. Esta consideração nos permite dar à biografia uma estrutura distinta da utilizada. Até agora, quando tem sido mais perspicaz, o biógrafo era um psicólogo. Teria o dom de penetrar dentro do homem e descobrir todo o mecanismo de relojoaria que forma o caráter e, em geral, a alma do sujeito. Longe de mim desdenhar estas averiguações. A biografia necessita da psicologia como da fisiologia. Porém tudo isso é pura informação.

É preciso superar o erro pelo qual vimos a pensar que a vida de um homem passa dentro dele e que, consequentemente, seja possível reduzi-la a pura psicologia. Seria muito bom que nossa vida se passasse dentro de nós mesmos! Então o viver seria a coisa mais fácil que se pode imaginar: seria flutuar no próprio elemento. Mas a vida é o mais distante que se pode pensar de um fato subjetivo. É a realidade mais objetiva de todas. É encontrar-se o eu do homem submergido precisamente no que não é ele, no puro *outro* que é sua *circunstância*. Viver é ser fora de si — realizar-se. O programa vital, que cada um irremediavelmente é, oprime a circunstância para alojar-se nela. Esta unidade de dinamismo dramático entre ambos os elementos — eu e o mundo — é a vida. Forma, pois, um âmbito dentro do qual está a pessoa, o mundo e... o biógrafo. Porque esse é o verdadeiro *dentro* desde o qual quisera eu que você mirasse a Goethe. Não o *dentro* de Goethe, mas sim dentro de sua vida, do drama de Goethe. Não se trata de ver a vida de Goethe *como* Goethe a enxergava, com sua visão *subjetiva,* mas sim *como* biógrafo no círculo mágico dessa existência para assistir ao espantoso acontecimento objetivo que foi essa vida e do qual Goethe não era senão um ingrediente.

Nada merece tão propriamente ser chamado eu como esse personagem programático, porque de sua peculiaridade depende o valor com o qual fiquem qualificadas todas *nossas* coisas em nossa vida, nosso corpo, nossa alma, nosso caráter, nossa circunstância. São nossas por sua relação favorável ou desfavorável em relação àquele personagem que necessita realizar-se. Por essa razão não se pode dizer que dois homens diferentes se encontrem em uma mesma situação. A disposição das coisas em torno de ambos, que abstratamente parecem idênticas, responde de modo distinto ao diferente destino íntimo que é cada um deles. Eu sou uma certa individualíssima pressão sobre o mundo: o mundo é a resistência não menos determinada e individual àquela pressão.

O homem — isto é, sua alma, seus dotes, seu caráter, seu corpo — é a soma de objetos *com* os quais vive e equivale, portanto, a um ator encarregado de representar àquele personagem que é o autêntico eu. E aqui surge o mais surpreendente do drama vital: o homem possui uma ampla margem de liberdade em relação a seu eu ou destino. Pode negar-se a realizá-lo, pode ser infiel a si mesmo. Então sua vida carece de autenticidade. Se por vocação não se entendesse só, como é somente, uma forma genérica de ocupação profissional e de *curriculum* civil, mas sim que significasse um programa íntegro e individual de existência, seria mais certo dizer que nosso eu é nossa vocação. Muito bem: podemos ser mais ou menos fiéis a nossa vocação e, consequentemente, nossa vida mais ou menos autêntica.

Considerada assim a estrutura da vida humana, as questões mais importantes para uma biografia serão estas duas que até agora não tem sido a preocupação dos biógrafos. A primeira consiste em determinar qual era a vocação vital do biografado, que este talvez sempre tenha desconhecido. Toda vida é, mais ou menos, uma ruína em cujos escombros temos que descobrir o que a pessoa deveria ter sido. Isto nos obriga a construirmos, como o físico constrói seus "modelos", uma vida imaginária do indivíduo, o perfil de sua existência feliz sobre o qual podemos logo desenhar as indentações, às vezes enormes, que o destino exterior marcou. Todos sentimos nossa vida real como uma essencial deformação, maior ou menor, de nossa possível vida. A segunda questão é apreciar a fidelidade do homem a esse destino singular, a sua possível vida. Isto nos permite determinar a dose de autenticidade de sua efetiva vida.

O mais interessante não é a luta do homem com o mundo, com seu destino, mas sim a luta do homem com sua vocação. Como se comporta diante de sua inexorável vocação? Adscreve-se radicalmente a ela, ou, pelo contrário, é um desertor dela e preenche sua existência com substitutivos do que teria sido sua autêntica vida? Talvez o mais trágico na condição humana é que o homem pode tentar suplantar a si mesmo — isto é, falsificar sua vida. Tem-se notícia de alguma outra realidade que possa ser precisamente o que não é, a negação de si mesma, o oco de si mesma?

Você não acha que valeria a pena construir uma vida de Goethe desse ponto de vista que é verdadeiramente *interior*? O biógrafo aqui entra dentro do drama único que é cada vida, se sente submerso em puros dinamismos, prazerosos e dolorosos, que constituem a efetiva realidade de uma existência humana. Uma vida vista assim, a partir de sua intimidade, não tem "forma". Nada visto desde seu dentro a tem. A forma é sempre o aspecto externo que uma realidade oferece ao olho quando é contemplada de fora, fazendo dela mero objeto. Quando algo é apenas objeto, é apenas aspecto para outro e não realidade para si. A vida não pode ser mero objeto porque consiste precisamente em sua execução, em ser efetivamente vivida e encontrar-se sempre inconclusa, indeterminada. Não tolera ser contemplada desde fora: o olho tem que trasladar-se a ela e *fazer da própria realidade seu ponto de vista*.

Da estátua de Goethe estamos um pouco cansados. Penetre você dentro do seu drama — renunciando à convencional e estéril beleza de sua figura. Nosso corpo visto desde dentro não tem isto que se costuma chamar forma e, que é, em rigor, apenas forma externa e macroscópica; tem só *feinererBau*[6], estrutura microscópica dos tecidos e, em última instância, dinamismo químico puro. Apresente-nos um Goethe náufrago em sua própria existência, perdido nela e que a cada instante ignora o que vai ocorrer com ele — esse Goethe que se sentia a si mesmo "como uma ostra mágica sobre a qual transitam ondas estranhas".

Em um caso como este, não vale a pena tentar, alguma coisa parecida? A fama ou a qualidade da obra goethiana fez com que possuamos sobre sua existência mais dados sobre ele que de qualquer outro ser humano. Podemos, pois — isto é, você poderia, porque eu sei muito pouco sobre Goethe — trabalhar *ex abundantia*.

Porém ademais há outra razão que convida a fazer o ensaio precisamente com Goethe. É ele o homem em que pela primeira vez desperta a consciência de que a vida humana é a luta do homem com seu destino íntimo e individual, ou seja, que a vida humana é constituída pelo problema de si mesma, que sua substância consiste não em algo que já é — como a substância do filósofo grego, e mais sutilmente, mas enfim igualmente, a do filósofo idealista moderno — mas sim em algo que tem que fazer-se a si mesma, que não é, pois, *coisa*, senão absoluta e problemática *tarefa*. Por isso

---

[6] *Feinerer Bau*, do alemão: 'estrutura microscópica'. Esta expressão literalmente significa 'feitio mais fino' e nas Ciências Naturais é usada para as estruturas fisiológicas em nível microscópico. É nesse sentido que o utiliza Ortega y Gasset. (N. T.)

o vemos constantemente inclinado sobre sua própria vida. Tão trivial é atribuir esta obsessão ao egoísmo como interpretá-la "artisticamente" e apresentar para nós um Goethe que fabrica sua própria estátua. A arte, toda arte, é entidade mui respeitável, mas superficial e frívola, se se a compara com a terrível seriedade da vida. Evitemos, pois, aludir a uma arte de viver. Goethe simplesmente se preocupa sem cessar com sua vida porque a vida é preocupação consigo mesma.[7] Ao

[7] No admirável livro de Heidegger intitulado *Ser e tempo*, e publicado em 1927, chega-se a uma definição da vida próxima a esta. Eu não saberia dizer qual é a proximidade entre a filosofia de Heidegger e a que tem inspirado sempre meus escritos, entre outras coisas, porque a obra de Heidegger ainda não está concluída, nem, por outro lado, meus pensamentos adequadamente desenvolvidos em forma impressa; porém preciso declarar que tenho com esse autor uma pequena dívida. Há apenas um ou dois conceitos importantes de Heidegger que não preexistiam, às vezes com anterioridade de treze anos, em meus livros. Por exemplo: a ideia da vida como inquietude, preocupação e inseguridade, encontra-se literalmente em minha obra, *Meditações do Quixote*, publicada em 1914! — capítulo intitulado "Cultura-seguridade" páginas 116-117. Mais ainda: ali se inicia já a aplicação deste pensamento à história da filosofia e da cultura, nesse caso particular, Platão, que é tão interessante para o tema. O mesmo digo da liberação do "substancialismo", de toda "coisa" na ideia de ser — supondo que Heidegger tenha chegado a ela como tenho exposto há muitos anos em cursos públicos e como já está anunciado no prólogo deste primeiro livro, página 42, e tenho desenvolvido em várias exposições do perspectivismo (se bem hoje prefiro a este termo outros mais dinâmicos e menos intelectuais). A vida como defronte do eu e sua circunstância (cf. página 43), como "diálogo dinâmico entre o indivíduo e o mundo" em fartos lugares. A estrutura da vida como futurização é o mais insistente *Leitmotiv* de meus escritos, inspirado por certo em questões muito remotas do problema vital ao que eu o aplico — suscitadas pela lógica de Cohen. Assim: "em suma, a reabsorção da circunstância é o destino concreto do homem", página 43, e a teoria do "fundo insubornável", que logo denominei de "eu autêntico". Até a interpretação da verdade como *alétheia*, no sentido etimológico de "descobrimento, desvelação, retirar um véu ou encobridor" encontra-se na página 80 com o agravante de que neste livro aparece já o conhecimento sob o nome — tão hiper atual! — de "luz" e "claridade" como imperativo e missão inclusive "na raiz da constituição

entrevê-lo se converte no primeiro contemporâneo, se você quer, no primeiro romântico. Porque isto é o que por debaixo das significações histórico-literárias quer dizer romantismo: o descobrimento pré-conceitual de que a vida não é uma realidade que tropeça em mais ou

do homem". Limito-me em fazer, de uma vez por todas, estas advertências uma vez que em certas ocasiões encontro-me surpreendido, pois nem sequer os mais próximos têm uma remota noção do que tenho pensado e escrito. Distraídos por minhas imagens, resvalaram sobre meus pensamentos. Devo muito à filosofia alemã e ninguém me negará o reconhecimento de ter dado ao meu labor, como uma de suas facções principais, a de aumentar a mente espanhola com a torrente do tesouro intelectual germânico. Porém talvez tenha exagerado neste gesto e tenha ocultado em demasia meus próprios e radicais achados. Por exemplo: "viver é, de fato, relacionar-se com o mundo, dirigir-se até ele, atuar nele, ocupar-se dele". De quem é isto? De Heidegger, em 1927, ou publicado por mim com a data de dezembro de 1924, em *La Nación* de Buenos Aires, e depois no tomo VII do *El Espectador* ("A origem desportiva do Estado")? Porém o que é mais grave é que essa fórmula não é acidental, mas sim que se parte dela — nada menos — para sugerir que a filosofia é consubstancial à vida humana, porque esta precisa sair ao "mundo", o que já em meus parágrafos significa não a soma das coisas, mas sim o "horizonte" (*sic*) da totalidade sobre as coisas e distinta delas. Encontrar nesta nota dados como os que transcrevo, talvez envergonhe um pouco os jovens que de *boa fé* os ignoravam. Se se trata de *mala fide*, a coisa não teria importância; o grave para eles seria descobrir que de boa fé o desconheciam e que, por tanto, se lhes converte em problemática sua própria boa fé. Em rigor, todas essas observações se resumem em uma sobre a qual eu sempre tenho me calado e que agora vou enunciar laconicamente. Eu publiquei um livro em 1923 que com certa solenidade — talvez a madureza da minha existência me convidasse hoje a não empreendê-la — intitula-se *O tema de nosso tempo*; neste livro, com não menos solenidade, declara-se que o tema de nosso tempo consiste em reduzir a razão pura à "razão vital". Há alguém que tenha tentado, não já extrair as consequências mais imediatas dessa frase, senão simplesmente entender sua significação? Tem-se falado sempre, não obstante meus protestos, de meu vitalismo, porém ninguém tentou pensar juntas — como se propõe nessa fórmula — as expressões "razão" e "vital". Ninguém, em suma, tem falado do meu "rácio-vitalismo". E ainda agora, depois de sublinhado, quantos poderão entendê-lo? — entender a *Crítica da razão vital*, que se anuncia nesse livro?

Como tenho me calado muitos anos, voltarei a calar muitos outros, sem mais interrupção que esta breve nota, a qual não faz estritamente senão colocar na estrada toda boa fé distraída. (Nota de Ortega y Gasset) menos problemas, mas sim que consiste exclusivamente no problema de si mesma.

É claro que Goethe nos desorienta porque sua ideia da vida é biológica, botânica. Tem da vida uma concepção externa, como a teve todo o passado. Mas isto não significa senão que as ideias que um homem faz a si mesmo são superficiais à sua verdade vital, pré-intelectual. Goethe pensa sua vida sob a imagem de uma planta, porém a sente, ela é como preocupação dramática por seu próprio ser.

Eu temo que este botanicismo do pensador Goethe lhe quite a fertilidade para as urgências do homem atual. De outro modo, poderíamos utilizar, e não pouco, os termos que ele utilizava. Quando tratando de responder a essa pergunta que antes fiz, ao angustiado: quem sou eu?, ele respondia a si mesmo: uma *enteléquia*, utilizava talvez o melhor vocábulo para designar esse projeto vital, essa vocação inexorável em que nosso autêntico eu consiste. Cada qual é "o que tem que chegar a ser", ainda que por um acaso não consiga ser nunca. Pode-se dizer isso com uma só palavra, melhor que dizendo "enteléquia"? Mas a velha voz arrasta consigo uma milenária tradição biológica que lhe dá um torpe sentido de Zôo extrínseco, de força orgânica ínsita magicamente no animal e na planta. Goethe desvirtua também a pergunta: *quem* sou eu? No sentido tradicional de *o que* sou eu?

Mas por debaixo de suas ideias oficiais surpreendemos a Goethe apalpando afanosamente o mistério desse eu autêntico que fica às costas de nossa vida efetiva como sua misteriosa raiz, como permanece o punho às costas do dardo lançado, e que não se pode conceber sob nenhuma das categorias externas e cósmicas. Assim em *Poesia e verdade*[8]: "todos os homens de boa casta sentem, conforme aumenta sua cultura, que necessitam representar no mundo duplo papel, um real o outro ideal, e nesse sentimento deve-se buscar o fundamento de tudo que é nobre. Qual seja e em que consiste o real que nos é atribuído, experimentamo-lo com claridade demais. Ao contrário é muito difícil estar certo sobre o segundo, o ideal. Por mais que o homem busque na terra ou no céu, no presente ou no futuro seu superior destino, fica sempre entregue a uma perene vacilação, a um influxo externo que sempre o perturba, até que, de uma vez para sempre, resolve-se a declarar que o reto é o que lhe é conforme".

A esse eu que é nosso projeto vital, "o que temos que chegar a ser" se o denomina aqui *Bestimmung*.[9] Mas esta palavra padece sempre dos mesmos equívocos que "destino", *Schicksal*. O que é nosso destino, o íntimo ou

---

[8] *Poesía y Realidad* [*sic*], do espanhol: 'Poesia e realidade'. Refere-se à obra autobiográfica de Goethe *De minha vida: Poesia e verdade* (1811-1833), em alemão: *Ausmeinem Leben: Dichtung und Wahrheit*. (N. T.)

[9] *Bestimmung*, do alemão: 'destino', 'determinação'. O problema reside em que ambos vocábulos (*Bestimmung* e*Schicksal*) podem ser traduzidos como 'destino'. A raiz léxica do primeiro (*bestimmen*) está emparelhada com "destinar", ou seja, o futuro que está destinado a uma pessoa. A diferença com *Schicksal* 'sina' radica no fato de que este último depende da boa ou má sorte, sem conduzir a uma meta vital. Neste sentido, a explicação de Ortega y Gasset, nesse contexto, está perfeitamente definida. (N. T.)

o externo, o que teríamos que ser ou o que nosso caráter e o mundo nos obrigam a ser? Por isso Goethe distingue entre o destino real, isto é, efetivo, e o destino ideal ou superior, que é, pelo visto, o autêntico. O outro resulta da deformação a que o mundo nos obriga, "com seu influxo sempre perturbador", que nos desorienta com respeito a nosso verdadeiro destino.

Desta forma, Goethe continua prisioneiro aqui da ideia tradicional que confunde o eu que cada um tem que ser, queira ou não, com um eu normativo, genérico, que "deve ser" — o destino individual e iniludível, com o destino "ético" do homem, que é só um pensamento com o qual o homem pretende justificar sua existência, com o sentido abstrato da espécie. Esta duplicidade e confusão, a que a tradição o submete, é a causa daquela "perene vacilação" — *ewiges Schwanken*[10] —, porque nosso destino ético será sempre discutível, como tudo o que é "intelectual". Ele sente que a norma ética originária não pode ser uma justaposição à vida, da qual esta, em definitivo, pode prescindir. Entrevê que a vida é por si mesma ética, no sentido mais radical deste termo; que no homem o imperativo forma parte de sua própria realidade. O homem cuja enteléquia fora ser ladrão *tem* que sê-lo. Mesmo que suas ideias morais se oponham

---

[10] *Ewiges Schwanken*, do alemão: 'perene vacilação'. Trata-se de um conhecido verso de Friedrich von Schiller, poeta amigo de Goethe. Procede de sua tragédia *Die Braut von Messina* (*A noiva de Messina*), obra inspirada por sua vez do teatro barroco espanhol de Calderón de la Barca. A expressão é utilizada para descrever uma atitude dubitativa e hesitante que parece manter-se eternamente. (N. T.)

a ele, reprimam seu inacessível destino e logrem que sua vida efetiva seja de uma correta civilidade. A coisa é terrível, porém é inegável; o homem que *tinha que ser ladrão* e, por virtuoso esforço de sua vontade, conseguiu não sê-lo, falsifica sua vida.[11] Não se deve confundir, pois, o *dever ser* da moral, que habita na região intelectual do homem, com o imperativo vital; com o *ter que ser* da vocação pessoal, situado na região mais profunda e primária de nosso ser. Todo o intelectual e volitivo é secundário, é já uma reação provocada por nosso ser radical. Se o intelecto humano funciona, é já para resolver os problemas que seu destino íntimo lhe coloca.

Por isso, no fim do parágrafo, Goethe emerge da confusão: "o reto é o que é conforme" ao indivíduo *(was ihm gemä? ist)*.[12] O imperativo da ética intelectual e abstrata fica substituído pelo íntimo, concreto, vital.

O homem não reconhece seu eu, sua vocação singularíssima, senão pelo gosto ou desgosto que em cada situação sente. A infelicidade vai avisando a ele, como a agulha de um aparelho registrador, quando sua

[11] O problema decisivo é se, com efeito, o ser ladrão é uma forma de autêntica humanidade, isto é, "ladrão nato" em um sentido muito mais radical que o de Lombroso. (Nota de Ortega y Gasset) [Cesare Lombroso Verona (1835-1909) compôs um método da detecção de um criminoso por intermédio de uma antropologia criminal. Ele criou o positivismo no Direito, pois baseava suas pesquisas em fatos e investigações científicas.] (N. T.)

[12] *Was ihm gemäß ist*, do alemão: 'o que [lhe] é conforme'. Novamente estamos diante de uma citação da obra autobiográfica de Goethe *Dichtung und Wahrheit (Poesia e verdade)*. Faz parte do parágrafo mais amplo que Ortega y Gasset reproduz mais acima. Não obstante, observa-se um problema na orto-tipografia da expressão alemã onde aparece um signo de interrogação no lugar da letra beta. (N. T.)

vida efetiva realiza seu programa vital, sua enteléquia, e quando desvia dela. Assim comunica a Eckermann em 1829: "O homem está consignado, com todas suas preocupações e afãs para com o exterior, ao mundo em torno e tem que se esforçar em conhecê-lo e fazê-lo serviçal na medida que o necessite para seus fins. Porém, de si mesmo sabe só quando goza e quando sofre, e só seus sofrimentos e seus gozos lhe instruem sobre si mesmo, indicam o que tem que buscar e o que tem que evitar. Além do mais, o homem é uma natureza confusa; não sabe de onde vem nem aonde vai, sabe pouco do mundo e, sobretudo, sabe pouco de si mesmo".

Só seus sofrimentos e seus gozos lhe instruem sobre si mesmo. Quem é esse "si mesmo" que só se clareará *a posteriori*, no choque com o que lhe vai ocorrendo? Evidentemente, é nossa vida-projeto, que, no caso do sofrimento, não coincide com nossa vida efetiva: o homem se dilacera, se cinde em dois — o que tinha que ser e o que resulta sendo. A deslocação se manifesta em forma de dor, de angústia, de enfado, de humor, de vazio; a coincidência, ao contrário, produz o prodigioso fenômeno da felicidade.

É surpreendente que não se tenha sublinhado a contradição constante entre as *ideias* do pensador Goethe sobre o mundo — o menos valioso de Goethe — sua opinião spinozista, sua *Naturfrömmigkeit*[1],[13] sua

---

[13] *Naturfrömmigkeit*, do alemão: 'devoção piedosa pela natureza', 'contemplação reverente da natureza'. O conceito está estreitamente emparentado

imagem botânica da vida, segundo a qual tudo nela devia caminhar sem angústia, sem dolorosa desorientação, segundo uma doce necessidade cósmica e sua própria vida, incluindo nela sua obra. Para a planta, o animal ou a estrela, viver é não ter dúvida alguma a respeito do seu próprio ser. Nenhum deles tem que decidir agora o que vai ser no instante imediato. Por isso sua vida não é drama, mas sim... evolução. Mas a vida do homem é todo o contrário: é ter que decidir a cada instante o que tem que fazer no próximo e, para isso, ter que descobrir o próprio plano, o projeto mesmo de ser. É quase risível a má inteligência que tem havido sobre Goethe. Este homem passou a vida buscando-se a si mesmo ou evitando-se — que é todo o contrário do que é cuidar da exata realização de si mesmo. Este último supõe que não existem dúvidas sobre *quem* se é ou que, uma vez averiguado, o indivíduo está decidido a realizar-se; então a atenção pode vagar tranquilamente aos detalhes da execução.

Uma enorme porção da obra de Goethe — seu *Werther*, seu *Fausto*, seu *Meister* — apresenta-nos criaturas que vão pelo mundo buscando seu destino íntimo ou... fugindo dele.

Eu não gostaria de entrar em particularidades, porque isso implicaria a pretensão de conhecer bem Goethe, e você não deve esquecer que estas páginas vão escritas

---

com o panteísmo vivenciado pelos poetas românticos como Goethe. (N. T.)

desde o suposto contrário: são perguntas que faço a você; são problemas aos quais peço a você a resolução. Nesse sentido permito-me mostrar superlativa estranheza diante de todo o fato de que se considere o mais natural do mundo que um homem de desenvolvimento tão prematuro como Goethe, que antes dos trinta anos já tinha criado, ainda que não terminado, todas suas grandes obras, encontra-se no riço dos quarenta perguntando-se, todavia, pelos caminhos da Itália se ele é poeta, pintor ou homem de ciência, e que em 14 de março de 1788 escreve desde Roma: "Pela primeira vez encontrei a mim mesmo e tenho coincidido felizmente comigo". E o mais grave do caso é que também então se tratava, pelo visto, de um erro e durante decênios vai seguir peregrinando em busca desse "si mesmo" com o qual ilusoriamente acreditava tropeçar em Roma.

A tragédia soia consistir em que sobre um homem cai um terrível destino exterior tão equívoco e inevitável que o pobre homem sucumbe sob ele. Porém a tragédia de Fausto e a história de Meister são precisamente o contrário: em ambas, o drama consiste em que um homem sai em busca de seu destino íntimo e anda perdido pelo universo sem encontrar sua própria vida. Lá, a vida se encontra com problemas; aqui, a própria vida é o problemático. Ocorre com Werther, Fausto e Meister o mesmo que ao *Homunculus*: quiseram ser e não sabem como, ou seja, não sabem *quem* ser. A solução que Goethe proporciona a Meister, dedicando-lhe de repente à cirurgia, é indigna do autor, tão arbitrária, tão frívola como se o próprio Goethe tivesse ficado para sempre em Roma copiando torsos mutilados de velhas esculturas. O destino é precisamente o que não se escolhe.

Os professores alemães têm feito esforços hercúleos para coonestar o que as obras de Goethe *são* e as ideias de Goethe sobre a vida, sem conseguir, é claro, seu convencional propósito. Seria mais fértil o inverso: partir da contradição evidente entre essa concepção otimista da natureza, essa confiança no cosmos que inspira todas as relações de Goethe com o universo, e a constante, afanosa preocupação pela sua própria vida, por si mesmo, da qual não abandona em momento algum. Uma vez reconhecida essa contradição surge a fecunda tarefa de tentar reduzi-la, explicando-a em um sistema. A biografia é isso: sistema em que se unificam as contradições de uma existência.

Assim você pode ver como tenho de Goethe uma ideia sobremaneira ingênua. Talvez porque não o conheça bem, tudo em ele para mim é problema. Até os menores detalhes de sua pessoa e suas aventuras são questões para mim. Por exemplo: não compreendo como os biógrafos não tentam esclarecer porque este homem, para quem tudo na vida parece lhe ter saído tão bem, seja a criatura de quem documentalmente podemos demonstrar que passou a vida quase sempre de mal humor. As circunstâncias externas de sua vida

parecem — ao menos, o asseguram os biógrafos —
favoráveis: seu caráter era positivamente a *Frohnatur*[14],
a jovialidade. Por que então tão frequente mau humor?

"So still und so sinnig
Es fehlt dir was, gesteh es frei".
Zufrieden bin ich,
Aber mir ist nicht wohl dabei.[15]

O mau humor insistente é um sintoma muito claro
de que um homem vive contra sua vocação.
O mesmo digo de sua famosa "tesura", de seu "andar"
perpendicular. O caráter de Goethe goza de uma admirável elasticidade, que lhe proporciona uma faculdade
ilimitada de acomodação. Seus dotes de mobilidade, de
riqueza de tons, de perspicácia para com o contorno,
são prodigiosos. Por que, contudo, teso, rígido? Por que
avançava entre as pessoas levando seu corpo como se
carrega nas procissões um estandarte? Não se deve dizer
que isto não tem importância. "A figura do homem é
o melhor texto possível para quanto se possa sentir ou
dizer dele" (Stella). Suponho que não é lícito incitar a
você para que dedique um "fragmento fisiognômico"
a Goethe! Recomendo-lhe mui especialmente o Diário

---

[14] A palavra *Frohnatur* está composta pelo substantivo *Natur* ('natureza') e o
adjetivo *froh* ('alegre'). Utiliza-se para designar pessoas de caráter otimista
e jovial. (N. T.)

[15] "Tão calado e pensativo! / Algo te falta, confessa-o."/ Eu estou contente, /
Mas... assim não me sinto bem. (N. T.)

de Federica Brion — 7 a 12 julho 1795 —, *"uma amarga apatia descansa sobre sua testa como uma nuvem"*. E, sobretudo, o que segue, que não transcrevo para não me sentir obrigado a dizer a você o que penso sobre isso. Não esqueça você tampouco *"alguns traços desagradáveis em torno de sua boca"*, do qual fala Leisewitz em seu Diário — 14 agosto 1780 — e que se advertem perfeitamente em quase todos seus retratos juvenis.

Tenho receio de que, se você seguir minhas sugestões, possa causar um grande escândalo na Alemanha, porque o Goethe que resultaria seria aproximadamente o contrário que o desenhado pelos evangelhos até agora impressos nas prensas germânicas. Nada mais heterodoxo, com efeito, que apresentar Goethe como um homem cheio de dotes maravilhosos, com magníficas maneiras de entusiasmo, com um caráter esplêndido — enérgico, limpo, generoso e jovial —, mas... constantemente infiel a seu destino. Daí seu permanente mau humor, sua tesura, sua distância do próprio contorno, seu amargo gesto. Foi uma vida *à rebours*.[16] Os biógrafos se contentam em ver funcionar esses dotes, esse caráter, os quais, com efeito, são admiráveis e proporcionam um espetáculo encantador para quem contempla a superfície de sua existência. *Porém a vida de um homem não é o funcionamento dos mecanismos perfeitos que a providência colocou nele.* O decisivo é perguntar: funcionavam a serviço de *quem*. O homem Goethe

---

[16] *À rebours*, do francês: 'revés, avesso, contrassenso'. (N. T.)

esteve a serviço de sua vocação, ou melhor, foi um perpétuo desertor de seu íntimo destino? Eu não vou naturalmente decidir esse dilema. Nele consiste aquela operação grave e radical que antes aludia e que só um alemão poderia tentar.

Porém não posso ocultar minha impressão — infundada talvez, ingênua provavelmente — de que na vida de Goethe há muitas fugas. Começa por fugir de todos seus amores reais, que são os de sua juventude. Foge de sua vida de escritor para cair nessa triste história de Weimar — Weimar é o maior *malentendu* da história literária alemã, quiçá talvez tenha impedido que a primeira literatura do mundo fosse a alemã. Sim, ainda que isto de chofre lhe pareça um erro e um insuportável paradoxo e ainda que em definitivo o seja, creia que não me faltam razões para cometê-lo! Mas logo Goethe foge de Weimar, que já era por si uma primeira fuga, e desta vez a fuga tem até forma material e mesmo policial: o áulico conselheiro Goethe foge do comerciante Jean Philippe Möller, que depois se torna um quarentão aprendiz de pintura em Roma.

Os biógrafos, resolutos como os avestruzes a engolir, como se fossem rosas, todas as pedras que há na paisagem goethiana, pretendem fazer-nos crer que, em suas fugas amorosas, Goethe foge do que não era seu destino, para se conservar tanto mais fiel a sua autêntica vocação. Porém, qual era esta?

Não vou agora gravitar sobre sua paciência desenvolvendo suficientemente diante de você a teoria da vocação, que implica toda uma filosofia. Quero apenas fazer-lhe notar que, ainda que a vocação seja sempre individual, compõe-se, sem dúvida, de não poucos ingredientes genéricos. Por mais indivíduo que você seja, meu amigo, você tem que ser homem, que ser alemão ou francês, que ser de um tempo ou de outro, e cada um destes títulos arrasta todo um repertório de determinações do destino. Só que tudo isso não é propriamente destino enquanto não está modulado individualmente. O destino não é nunca abstrato e genérico, ainda que nem todos os destinos possuam o mesmo grau de concreção. Há quem venha no mundo para apaixonar-se de uma só e determinada mulher, e, consequentemente, não é provável que tropece com ela. Por sorte, a maior parte dos homens traz um destino amoroso menos diferenciado e podem realizar seu sentimento em amplas regiões de feminilidade homogênea — como quem diz, um, nas ruivas; o outro, nas morenas. Falando da vida, todo vocábulo tem que ser completado com o índice oportuno da individualização. Esta deplorável necessidade já pertence ao destino do homem enquanto homem: para viver *em singular* tem que falar *em geral*.

A vocação de Goethe!... Se há algo claro no mundo é isso. Certamente seria um erro fundamental crer que a vocação de um homem coincida com seus dotes mais indiscutíveis. Schlegel dizia: "Para o que se tem gosto, tem-se gênio". A coisa afirmada tão em absoluto é muito discutível. E o mesmo ocorre se se inverte. Sem dúvida, o exercício de uma capacidade egrégia sói provocar prazer automaticamente. Porém esse gosto, esse prazer automático, não é a felicidade do destino que se cumpre. Às vezes, vocação não vai ao sentido dos dotes, às vezes a vocação vai francamente contra. Há casos — como o de Goethe — em que a multiplicidade de dotes desorienta e perturba a vocação; pelo menos, aquilo que é seu eixo.

Porém, deixando de um lado a casuística, é de sobra evidente que Goethe tinha um destino radical de cotovia. Havia brotado no planeta com a missão de ser um escritor alemão encarregado de revolucionar a literatura de seu país e, através de seu país, a do mundo.[17] Com mais calma e espaço poderíamos conceituar bastante a definição. Se sacudirmos vigorosamente a obra de Goethe, ficarão dela algumas linhas truncadas que podemos completar imaginariamente, como nossos olhos completam o arco quebrado cujo cepo assinala para o céu. Isto nos daria o autêntico perfil de sua missão literária.

---

[17] Insisto que isto é só a expressão genérica de sua vocação, e ainda assim referindo-se só ao que pode ser considerado como eixo dela. A claridade suficiente sobre o que aqui se insinua ao bom entendedor, só pode se obter desenvolvendo a teoria da vocação. (Nota de Ortega y Gasset)

O Goethe de Strasburgo, de Wetzlar, de Frankfurt, ainda nos permite dizer *wie wahr, wie seiend!*[18] Apesar de sua juventude e de que juventude significa "não ser todavia".

Porém Goethe aceita o convite do Grão-duque. Aqui é onde eu proponho a você que imagine uma vida de Goethe sem Weimar — um Goethe bem fundido na existência daquela Alemanha toda em fermentação, toda seiva inquieta e poros abertos; um Goethe errabundo, à intempérie, com a base material — econômica e de contorno social — *insegura*, sem gavetas bem ordenadas, repletas de pastas com gravuras, sobre as quais não se fala nunca nada interessante; ou seja, o oposto de um Goethe encerrado aos vinte e cinco anos no fanal esterilizado de Weimar e magicamente dissecado em *Geheimrat*.[19] A vida é nossa reação à insegurança radical que constitui sua substância. Por isso é sumamente grave para o homem se encontrar excessivamente rodeado de aparentes seguranças. A consciência da segurança mata a vida. Nisso fundamenta-se a degeneração sempre repetida dos aristocratas. Que prazer para a humanidade se tivesse havido um Goethe *inseguro*, espremido pelo contorno, obrigado a ressumar suas fabulosas intimas potencialidades!

[18] "Que verdadeiro, que existente!" — expressão de Goethe falando de um caranguejo que vê se mover em um arroio italiano. (Nota de Ortega y Gasset)

[19] *Geheimrat*, do alemão: 'Conselheiro Privado, Conselheiro Áulico'. Trata-se do cargo que Goethe desempenhou em Weimar, onde foi nomeado Conselheiro pelo duque Carlos Augusto, fazendo, assim, parte da Corte e da hierarquia nobiliária. (N. T.)

No momento em que dentro dessa alma soberana brota a heroica primavera de uma autêntica literatura alemã, Weimar o isola da Alemanha, arranca suas raízes do solo alemão e o transplanta ao teso sem *humus* de uma ridícula corte liliputiana. Uma temporada em Weimar — Weimar como balneário — lhe teria sido fecunda. Essa literatura alemã que só Goethe poderia ter instaurado, caracteriza-se pela união do ímpeto e da mesura — *Sturm und Ma?*.[20] O *Sturm* do sentimento e da fantasia, duas coisas que não possuem as demais literaturas europeias; a medida que — de forma diversa — possuem sem medida França e Itália. Entre 1770 e 1830 qualquer alemão de primeira classe poderia proporcionar o momento *Sturm*. O que é *Sturm* senão o prodígio da filosofia pós-kantiana! Mas o alemão não sói ser senão *Sturm* — é desmesurado. Seu modo de ser o que é fica sempre exorbitado pelo *furor teutonicus*. Imagine um momento — para não falar dos poetas — que Fichte, Schelling, Hegel tivessem gozado *ademais* de *bon sens*! Muito bem, Goethe reunia, por fabuloso acaso, ambas potencias. Seu *Sturm* havia se desenvolvido suficientemente. Convinha fomentar o outro momento, Goethe o percebe. Por isso vai para

---

[20] *Sturm und Maß*, do alemão:'tempestade e mesura'. Neologismo criado por Ortega y Gasset a partir da expressão *Sturm und Drang* ('tempestade e ímpeto'), o movimento estético-literário fundado por Goethe e outros poetas alemães e que é considerado o início do Romantismo. Ortega define a palavra *Sturm* como 'ímpeto, desmesura' e *Maß* como 'classicismo, mesura'. O jogo de palavras consiste em juntar dois conceitos antitéticos. Repete-se o erro tipográfico na letra beta alemã. (N. T.)

Weimar, para cursar uns semestres de "Ifigenismo".
Até aqui tudo vai bem. Mas por que fica em Weimar
esse homem de pé ágil para a fuga? Mais ainda: foge
dez anos depois, porém recai. Sua fuga transitória é
como um documento confiável de que Goethe *deveria*
abandonar a corte de Carlos Augusto. Podemos seguir,
quase dia a dia, o efeito de petrificação que Weimar
exerce sobre ele. O homem vai se convertendo em
estátua. As estátuas são os homens que não podem
respirar nem transpirar, porque não têm atmosfera;
fauna lunar. Goethe começa a viver em sentido inverso
de seu destino, começa a *desviver-se*. A mesura se faz
excessiva e desaloja a substância de seu destino. Goethe
é um fogo que necessita muita lenha. Em Weimar, como
não há atmosfera, não há tampouco lenha; é um lugar
geométrico, o Grão-ducado da Abstração, da Imitação,
do não-autêntico. É o reino do *quase*.

Há uma pequena vila andaluza, estendida na costa
mediterrânea e que leva um nome encantador —
Marbella. Lá viviam, faz até um quarto de século, umas
quantas famílias de velha fidalguia que, não obstante
levar uma existência miserável, obstinavam-se em
dar-se ar de grandes antigos senhores e celebravam
espectrais festas de anacrônica pompa. Com motivo
de uma destas festas, os povos vizinhos lhes dedicaram
esta copla:

En una *casi* ciudad,
Unos *casi* caballeros,
Sobre unos *casi* caballos,
Hicieron um *casi* torneo.[21]

Não podemos voltar agora a dizer de Goethe *wie seiend*[22], salvo em breves escapadas, quando, por um momento, deixa-se arrebatar por seu destino, e que confirmam nossa hipótese. Sua vida vai adquirindo esse estranho cariz de insaturação de si mesma. Nada do que é o é radicalmente e com plenitude: é um ministro que não é de verdade um ministro; um *régisseur* que detesta o teatro, que não é propriamente um *régisseur*; um naturalista que acaba não sendo-o, e uma vez que, irremediavelmente, por especialíssimo decreto divino, é um poeta, obrigará a este poeta que é ele a visitar a mina de Ilmenau e a recrutar soldados cavalgando um cavalo oficial que se chama "Poesia". (Agradeceria muito a você que visse uma maneira de demonstrar que este *quase* cavalo é pura invenção de algum malévolo).

É um terrível exemplo de como o homem não pode ter mais que *uma* vida autêntica, a reclamada por sua vocação. Quando sua liberdade o faz negar seu *eu* irrevogável e substituí-lo por outro arbitrário — arbitrário, ainda que fundado nas "razões" mais respeitáveis —,

---

[21] Em uma *quase* cidade, / Uns *quase* cavalheiros, / Sobre uns *quase* cavalos, / Fizeram *quase* um torneio. (N. T.)
[22] Veja-se nota 18.

arrasta uma vida sem saturação, espectral, entre...
"poesia e realidade". Habituado a isso, Goethe acaba por não precisar da realidade e, como um Midas a quem tudo se torna ouro, tudo se lhe converte, se lhe volatiza em símbolo. Daí seus *quase* amores pós-juvenis. Já sua relação com Carlota von Stein é equívoca: não a entenderíamos se a *quase* aventura com Marianne von Willemer não nos esclarecesse definitivamente a capacidade de irrealismo a que este homem havia chegado. Uma vez aceito que a vida é símbolo, tanto faz uma coisa como outra: tanto faz dormir com "Christelchen"[23] como se casar no sentido "ideal-pigmaliônico"[24] com uma escultura do Palazzo Caraffa Colobrano. Mas o destino é estritamente o contrário que o "tanto faz", que o simbolismo!

Aqui poderemos surpreender a origem de uma ideia. Toda ideia é reação — positiva ou negativa — às situações que nos coloca nosso destino. Este homem que vive uma existência distinta da sua, que se suplanta, precisa justificar-se ante si mesmo. (Não posso agora expor a você por que a justificação de si mesmo é um dos componentes essenciais de *toda* vida, seja autêntica, seja falsa. O homem não *pode* viver sem justificar ante si mesmo sua vida, não pode nem dar um passo). Daí o mito do simbolismo. Eu não discuto sua verdade ou não

---

[23] "Christelchen" diminutivo do nome de sua mulher Christel, que por sua vez é uma versão dialectal de Christiane: Christiane Vulpius, a garota da classe popular com a qual Goethe se casou em sua madureza. (N. T.)

[24] Veja-se *Viagem à Itália*, Roma, 1788. (Nota de Ortega y Gasset)

verdade em algum dos seus muitos sentidos possíveis. Interessa a mim agora só seu Gênesis e sua verdade vital.

"Sempre considerei minha atuação e meu labor como meramente simbólicas, e no fundo me era bastante indiferente (*ziemlich gleichgültig*)[25] ver a mim mesmo fazendo panelas ou vasilhas". Estas palavras — tantas vezes comentadas — saem agitando asas da velhice de Goethe e, com uma suave inflexão de seu voo, vêm posar em sua juventude sobre a tumba de Werther. É wertherismo incruento. O que fez ali a pistola, o fez aqui a indiferença. Em um e outro caso trata-se de um homem que se nega a viver seu destino. Se tudo o que o homem faz é mero símbolo, qual é a realidade definitiva que nele se simboliza, em que consiste seu autêntico que fazer? Porque, não há dúvida, a vida é um que fazer. Se não são panelas nem vasilhas o que verdadeiramente *tem que fazer*, será outra coisa. Qual? Qual é a verdadeira vida segundo Goethe? Evidentemente, algo que será para toda a vida concreta o que a *Urpflanze* ("proto-planta") é para cada planta — a mera forma de vida, sem seus conteúdos determinados. Meu amigo, não cabe uma inversão da verdade mais completa. Porque viver é precisamente a inexorável obrigatoriedade de determinar-se, de *encaixar em seu destino exclusivo*, de aceita-lo, ou

---

[25] *Ziemlich gleichgültig*, do alemão: 'bastante indiferente'. A citação é de uma obra do secretário de Goethe, Johann Peter Eckermann, *Gespräche mit Goethe in den letzten Jahren seines Lebens. 1823-1832 (Conversações com Goethe nos últimos anos de sua vida. 1823-1832)*. (N. T.)

seja, resolver *sê-lo*. *Temos*, queiramos ou não, que realizar nosso "personagem", nossa vocação, nosso programa vital, nossa "enteléquia". Ausência de nomes não haverá, para essa terrível realidade que é nosso autêntico eu. Isto significa que o viver se constitui essencialmente por um imperativo oposto radicalmente ao que Goethe nos propõe quando nos incita a retirar--nos da periferia concreta em que a vida desenha seu dintorno *exclusivo*, em direção ao centro abstrato dela, até a *Urleben*, a proto-vida. Do ser efetivo ao mero ser em potência. Porque isso é a *Urpflanze* e a *Urleben*:[26] potencialidade ilimitada. Goethe recusa encaixar-se em um destino, que, por fato, exclui, salvo uma, todas as demais possibilidades. Goethe quer deixar-se... em *disponibilidade*. Perpetuamente. Sua consciência vital, que é algo mais profundo e prévio à *Bewußtsein überhaupt*[27]("consciência em geral"), o faz sentir que isto é o grande pecado e procura diante de si mesmo justificar-se. Como? Subornando-se a si mesmo com

---

[26] O denominador comum desses dois vocábulos é o prefixo *Ur (Ur-pflanze* 'proto-planta' e *Ur-leben*, 'proto-vida') traduzido por Ortega y Gasset acertadamente como 'proto'. Ambos os conceitos formam parte das teorias naturalistas de Goethe. Ortega y Gasset os transcreve em alemão para denotar a autoria goetheana e a originalidade da proposição, tanto no que se refere á primeira planta, que precede a toda flora existente, como à ideia de uma energia vital primigênia, origem de toda a vida. (N. T.)

[27] *Bewußtsein überhaupt*, do alemão: 'consciência em geral', 'consciência em si'. A expressão de *Bewußtsein überhaupt* também poderia ser traduzido como 'consciência em si', segundo o conceito kantiano, mas a tradução proposta por Ortega y Gasset 'consciência em geral' tem a vantagem de soar mais naturalmente para o espanhol e para o português. (N. T.)

duas ideias: uma, a ideia da atividade (*Tätigkeit*).[28]
"Tens que ser!" — dizia-lhe a vida, que possui sempre
voz e por isso é vocação. E ele se defendia "Já estou
sendo, posto que *atuo* sem cessar: faço panelas, faço
vasilhas; não descanso um minuto". "Não basta!" —
prosseguia a vida. Não são panelas ou vasilhas o que
importa. Não basta apenas *atuar*. Tens que *fazer* teu
eu, teu individualíssimo destino. Tens que te resolver...
irrevogavelmente. Viver com plenitude é ser algo
irrevogavelmente". Então Goethe — grande sedutor —
procurava encantar a vida com a bela canção da outra
ideia: o simbolismo. "A verdadeira vida é a *Urleben
que renuncia* (*entsagen*)[29] a entregar-se a uma figura
determinada" — cantava deliciosamente Wolfgang ao
seu coração acusador.

Compreende-se que Schiller, em sua primeira e
sincera impressão de Goethe, quando ainda não havia
se encantado pelo *charme* que visto de perto emanava,
se desesperava com o cortesão de Weimar. Schiller é
todo o contrário, infinitamente bem menos dotado
que Goethe, porém com seu perfil afiado, esporão de
nave guerreira, afunda na vida espumosa e se finca sem

---

[28] O vocábulo *Tätigkeit* sói significar 'atividade' ou 'ocupação', sendo a primeira acepção a acertada para o contexto filosófico que aparece. A atividade se contrapõe aqui ao ser e se compara com uma atuação, na qual prima a aparência, sempre e quando não seja a realização da vocação verdadeira. (N. T.)

[29] A tradução de *entsagen* como 'renunciar' está patente no texto orteguiano. No entanto, deve-se atentar para uma diferença morfológica: 'renuncia' está conjugado em terceira pessoa, portanto o equivalente em alemão não seria o infinitivo, mas a forma *entsagt*. (N. T.)

hesitação em seu destino. Goethe? *Er "bekennt" sich zu nichts*.[30] "Não se adscreve a nada". *Er ist an nichts zu fassen*. "Não há por onde agarrar-lhe".

Daqui o empenho de Goethe em defender diante de si mesmo uma ideia de toda realidade *sub specie aeternitatis*. Como há uma proto-planta e uma proto-vida, há uma proto-poesia, sem tempo, sem lugar e sem traje determinado. Toda a vida de Goethe é o esforço para libertar-se da servidão da gleba espacio-temporal, da concretude do destino em que a vida precisamente consiste. Aspira ao utopismo e ao ucronismo.

Isto produz nele uma deformação humana sobremaneira curiosa. Ele havia sido quem iniciara plenamente uma poesia feita desde a realidade individual do homem, desde o eu personalíssimo perdido no seu mundo, no seu destino exterior. Porém, ele nada contra a própria corrente de sua vocação, de tal forma que termina por não saber fazer nada *desde* si mesmo. Para criar, ele necessita previamente imaginar-se outro do que é: um

---

[30] Nos anos 80 do século XVIII Goethe e Schiller todavia não tinham estabelecido essa amizade que caracterizaria posteriormente sua época comum em Weimar. Schiller mantinha uma relação ambivalente com ele porque, por um lado, admirava o genial poeta e, por outro lado, detestava o halo de fama y complacência que o rodeava. Em una carta a Christian Gottfried Körner, datada de 2 de fevereiro de 1789, Schiller emprega as expressões que Ortega cita em seu artigo [*Er bekennt sich zu nichts* 'Não se adscreve a nada'; *Er ist an nichts zu fassen* 'Não há por onde agarrar-lhe'] para criticar a atitude pouco comprometida de Goethe que, em sua opinião, era uma forma de contentar aos aduladores que o cercavam. As traduções orteguianas podem parecer vacilantes quanto ao registro, formal na primeira e coloquial na segunda. No entanto, dão conta do estilo por sua vez filosófico e informal que caracterizava a correspondência de Schiller com seu amigo Körner. (N. T.)

grego, um persa — panelas, vasilhas. Porque estas são as fugas mais sutis, porém mais significativas, de Goethe: sua fuga ao Olimpo, sua fuga ao Oriente. Não pode criar desde seu irrevogável eu, desde sua Alemanha. É preciso que a inspiração o surpreenda desprevenido para que uma nova ideia alemã se apodere dele e faça *Hermann und Dorothea*.[31] Ainda assim, a apresentará com o aparelho ortopédico do hexâmetro, que interpõe sua armação forasteira entre a inspiração original e a obra, obrigando-a a uma distância, solenidade e monotonia que a desvirtualizam e lhe proporcionam, em troca... a *species aeternitatis*.

A questão é que não há tal *species aeternitatis*. E não por casualidade. O que verdadeiramente *há* é o real, *o que integra o destino*. E o real não é nunca *species*, *aspecto*, *espetáculo*, objeto para um contemplador. Tudo isso é precisamente o irreal. É nossa ideia, não nosso ser. A Europa precisa curar-se do seu "idealismo" — única maneira de superar também todo materialismo, positivismo, utopismo. As ideias estão sempre muito próximas de nosso capricho, são dóceis a ele — são sempre revogáveis. Temos, sem dúvida, e cada vez mais, que viver *com ideias* — mas temos que deixar

---

[31] Livro de Goethe, cujo título é o mesmo dos protagonistas, o jovem Hermann e Doroteia, uma refugiada pobre com grandes qualidades morais. Trata-se de um poema épico (escrito entre 1796 e 1797) e é considerada a melhor obra patriótica alemã. O ambiente do poema é o início das guerras revolucionárias francesas, quando sob o comando do General Adam Philippe de Custine, tropas invadiram o Eleitorado do Palatinado e a população alemã do lado esquerdo do Reno teve de se refugiar do outro lado do rio. (N. T.)

de viver *desde* nossas ideias e aprender a viver *desde* nosso inexorável, irrevogável destino. Este tem que decidir sobre nossas ideias, e não o contrário. O homem primitivo andava perdido no mundo das coisas, lá na selva; nós estamos perdidos em um mundo de ideias que nos representam a existência como um escaparate de possibilidades equivalentes, de "muitas-indiferenças", de *Ziemlichgleichgültigkeiten*.[32] (Nossas ideias, ou seja, a cultura. A crise atual, mais que a da cultura, é da colocação que lhe temos dado. A colocam adiante e sobre a vida, quando deve estar atrás e abaixo dela — porque é reação a ela. Agora se trata de não colocar o carro diante dos bois).

A vida é abandono do ser em disponibilidade. A mera disponibilidade é o característico da juventude diante da madureza. O jovem, porque não é ainda determinado, irrevogável, é possibilidade de tudo. Esta é sua graça e petulância. Ao sentir-se em potência de tudo, *supõe* que já o é. O jovem necessita viver de si mesmo: vive em potência todas as vidas alheias — é a um mesmo tempo Homero e Alexandre, Newton, Kant, Napoleão, Don Juan. Tem *herdado* todas essas vidas. O jovem é sempre *patrício*, "senhorio". A insegurança crescente de sua existência vai eliminando possibilidades e vai amadurecendo. Mas imagine você um homem

---

[32] *Ziemlichgleichgültigkeiten*, do alemão: 'muitas-indiferenças'. O neologismo 'bastante-indiferencias' criado por Ortega y Gasset, em espanhol, emula o neologismo original de Goethe: a palavra composta por *ziemlich* 'bastante, muito' e *Gleichgültigkeiten* 'indiferenças'. (N. T.)

que em plena juventude está submetido magicamente a condições anormais de segurança. Que ocorrerá? Provavelmente, não deixará de ser jovem nunca, sentirá lisonjeada e fomentada e estabilizada sua tendência a permanecer em disponibilidade. A meu ver este é o caso de Goethe. Havia nele, como sói nos grandes poetas, uma pré-disposição orgânica a ser sempre jovem. A poesia é adolescência fermentada e assim conservada. Daí esses renascimentos súbitos de erotismo na idade avançada de Goethe, que vinham acompanhados de todos os atributos primaveris — alegria, melancolia, versos. Para um temperamento assim era decisiva a situação externa em que lhe surpreendesse o término de sua primeira juventude: a originária. De ordinário é o primeiro momento em que nos sentimos apertados pelo contorno. Começam as grandes dificuldades econômicas, começa a luta com os demais homens. Descobre-se a aspereza, a acritude, a hostilidade da circunstância mundana. Este primeiro ataque, ou aniquila para sempre a resolução heroica de ser o que secretamente somos e nasce em nós o filisteu, ou, pelo contrário, no choque com o *contra-mim* que é o universo, se aclara a si mesmo nosso eu, decide-se a ser, a impor-se, a cunhar com sua efígie o destino exterior. Mas se, em vez de tropeçar nessa hora com a primeira resistência do mundo, este cede diante de nós, logo se abranda em volta de nossa pessoa e com mágica docilidade cumpre sem mais nossos desejos, nosso eu adormecerá voluptuosamente;

em vez de esclarecer-se, permanecerá encolhido. Nada debilita tanto os profundos mecanismos do vivente que o excesso de facilidades. Isto foi o que significou Weimar para Goethe naquela estação decisiva. Facilitou o enquistamento de sua juventude e ele ficou para sempre em disponibilidade. De um golpe lhe foi resolvido seu porvir econômico, sem que, em contrapartida, se lhe exigisse alguma coisa determinada. Goethe acostumou-se a flutuar sobre a vida — esqueceu-se de que era um náufrago. Muitas das atividades que nele eram destino degeneraram em propensões. Eu não encontro no resto de sua vida um momento de penoso esforço. E o esforço, só o é propriamente quando começa a doer: o resto é... "atividade", o esforço sem esforço que faz a planta para florescer e frutificar. Goethe vegeta. O vegetal é o ser orgânico que não luta com seu contorno. Por isso não pode viver senão em ambiente favorável, sustido, mimado por ele. Weimar foi o casulo de seda que o verme segrega de si para colocá-lo entre si e o mundo.

Você pode dizer que eu padeço de uma fobia injustificada contra Weimar. Talvez! Mas permita-me esta simples consideração.

Você é, querido amigo, um alemão inteligente. Muito bem, peço que você represente, que "realice", como dizem os ingleses, o significado das palavras "Universidade de Jena" entre 1790 e 1825. Você escutou bem, meu amigo? Jena! Jena! A mil quilômetros de distância, e muitos mais de heterogeneidade, eu, que sou um pequeno celtibero[33], criado em uma árida altiplanície mediterrânica, a oitocentos metros do nível do mar — a altura média africana —, não posso ouvir esse nome sem estremecer. A Jena dessa época significava fabulosa riqueza de altas incitações mentais. Não é sintoma terrível da impermeabilidade de Weimar que, encontrando-se a vinte quilômetros de Jena, Jena não conseguisse desbotar o mínimo sobre Weimar? Nunca pude imaginar Fichte com a Senhora de Stein, porque não creio que seja possível conversar alguma vez um búfalo com uma sombra.

E a natureza de Goethe era tão esplêndida! Com que exuberante prontidão respondia a qualquer pedaço de mundo autêntico que se lhe afrontava! Bastava um pouco de lenha para que se levantassem altíssimas chamas. Qualquer coisa: uma viagem ao Reno, uma temporada em Marienbad[34], uma mulher interessante que cruzasse sobre Weimar como uma nuvem viajante..., chamas, chamas!

Weimar o separou comodamente do mundo, mas, como consequência, o separou de si mesmo. Goethe buscava tanto seu destino, lhe era tão pouco claro, porque ao busca-lo estava já de antemão resolvido

[33] De forma irónica, Ortega y Gasset descreve a si mesmo como espanhol, quer dizer, descendente dos povos celtas e ibéricos que habitavam a Península Ibérica na época pré-romana. (N. T.)

[34] Mariánské Láznë — Cidade tcheca conhecida pelo nome alemão "Marienbad", localizada na região de Karlovy Vary. Lugar onde muitas personalidades europeias passam temporadas. Veja-se filme *O ano passado em Marienbad* (1961), direção de Alain Resnais. (N. T.)

a fugir dele. De quando em quando, ao volver-se de uma esquina, encontrava-se subitamente com o *eu* que era ele e então exclamava com exemplar ingenuidade: *Eigentlich bin ich zum Schriftsteller geboren!* "A rigor eu nasci para ser escritor".

Goethe chegou a sentir uma mistura de terror e ódio diante de tudo que significasse decisão irrevogável. Como foge do amor justamente no ponto em que este converterá em abismo onde se cai, ou seja, em destino, foge da Revolução Francesa, do levante da Alemanha. Por quê? Napoleão disse: *A política é o destino!*

Et caetera, et caetera! O tema é inesgotável. Eu o retomei aqui unilateralmente, por uma só de suas arestas, exagerando-a. Porém pensar, falar é sempre exagerar. Ao falar, ao pensar, nos propomos esclarecer as coisas, e isto obriga a exacerba-las, desloca-las, esquematiza-las. Todo conceito é já uma exageração.

Agora deveria mostrar como Goethe, que foi infiel ao seu eu, tenha sido precisamente o homem que ensinou a cada um de nós a fidelidade ao nosso eu. Mas esta faina permanece inteiramente para o Goethe que você nos desenhar. Não há assunto mais atraente. Porque é o caso de que nem suas ideias botânicas sobre a vida, nem a conduta de sua vida valem como introdução, como hodegética[35] do homem em direção a seu eu ou destino.

---

[35] Hodegética, do grego antigo *odeghéo*: 'guiar'. Para a Pedagogia trata-se de uma ideia para dirigir o ensino e o governo dos discípulos, alunos. (N. T.)

E, não obstante — mais além do uno e do outro —, qual dúvida pode ter de que Goethe significou em nosso horizonte o grande gesto estelar que nos fazia a decisiva incitação: Liberta-te *do demais* para ti mesmo![36] O que afirmo é que o esclarecimento da figura de Goethe para que possa significar mais radicalmente isso, para que possa servir-nos, só se consegue invertendo a forma de nosso trato com ele.

Não há mais que uma maneira de salvar o clássico: usando ele sem olhar para nossa própria salvação — ou seja, prescindindo do classicismo, trazendo-o para nós, contemporizando-o, injetando novo pulso com o sangue de nossas veias, cujos ingredientes são *nossas* paixões... e *nossos* problemas. Em vez de nos tornar centenários no centenário, tentar a ressureição do clássico re-submergindo-o na existência.

Em 4 de junho de 1866, um discípulo predileto de Mommsen apresentou na Universidade de Berlim, com motivo de sua disputa doutoral, a seguinte tese: *Historiam puto scribendam esse et cum ira et cum studio.*[37] A maior inocência que se pode padecer é crer quer a *ira et studium* são incompatíveis com a "objetividade". Como se esta fosse outra coisa que uma das inumeráveis criações devidas à *ira et studium* do homem! Houve um

---

[36] Veja-se meu ensaio *Goethe, o libertador*, publicado em 22 de março na *Neue Züricher Zeitung* e lido com ampliações na Universidade de Madri, 30 do mesmo mês. (Nota de Ortega y Gasset)

[37] "Sustento que a história deve ser escrita com iracúndia e com entusiasmo". (Nota de Ortega y Gasset)

tempo em que se acreditou que as orquídeas nasciam no ar, sem raízes. Houve um tempo em que se acreditou que a cultura não necessitava raízes... Não faz muito tempo, e, não obstante, faz já tanto...

Revista de Occidente, abril, 1932.

Tradução Ricardo Araújo

No segundo centenário do nascimento de Goethe

Fragmento da conferência, "Goethe sem Weimar".

Sinto muito ter que discrepar radicalmente dos atributos principais com que se tem utilizado para definir a humanidade, o modo de ser homem que Goethe representa. Nos dizem que é um exemplar superlativo de singularidade em sua constituição e em sua evolução, que foi ou conseguiu ser uma natureza harmoniosa. Todo este tipo de atributos costuma-se resumir no termo "serenidade". Porém interpretar a realidade a que chamamos "Goethe" como "serenidade", não padecem os historiadores a tenaz ilusão ótica que sói esterilizar quase todas as biografias e que consiste em confundir o homem com sua obra? Na obra de Goethe, com efeito, se manifesta uma enérgica intenção de nos apresentar um Universo feito de serenidade. Mas esta serenidade de suas criações era conquistada a custa de incessantes inquietudes, dores, renuncias. A meu ver, este é o primeiro e mais grave erro que com respeito a Goethe se tem padecido.

Toda a vida é um drama e não se é justo com uma vida se não nos possibilita ver tudo o que há de esforço, luta, dor, tensão em seu fundo latente e do qual ela é resultado. A injustiça se faz superlativa quando, a seu dramatismo constitutivo, acrescenta-se a uma vida o esforço desesperado de se criar um aspecto, uma figura externa sem dramatismo, e o torvelinho de íntimas inquietudes fabrica uma máscara de serenidade. Por isso, é preciso refazer todo o estudo de Goethe. Quase todo o feito até agora parte do mais radical *quid pro quo*[1]: tem-se acreditado que a serenidade de Goethe estava *em* Goethe e era Goethe, quando sua vida e seu ser foram precisamente o constante e desesperado esforço para parecer que o era assim.

Uma má inteligência tão grave só se explica quando se percebe que a história literária e, em geral, a filologia levam consigo há muito tempo vícios gerais que é preciso corrigir. Um deles é a tendência a crer que a obra do poeta é como uma secreção de sua intimidade, diríamos como uma exsudação em que o que ocorre dentro do homem, cujo autor é, sai para fora dele, como a lágrima e cristaliza na obra. Poesia se entende como efusão, ou seja, como confissão. Os livros de um escritor seriam simplesmente risos e lágrimas em conserva. No caso de Goethe os historiadores, muito especialmente seguros, acreditam que é assim porque,

---

[1] *Quid pro quo*, do latim: 'algo em troca de algo'. Aqui se emprega no sentido de 'uma coisa compensa ou contrapõe-se a outra coisa'. (N. T.)

com frequência, ele mesmo qualifica suas produções como confissões. Quantas vezes não se tem citado para demonstrar irrefragavelmente aquela errônea interpretação o que, tendo sessenta e seis anos e por ocasião de preparar a edição de suas obras completas, escreve a um amigo?: *"Meine ernstliche Betrachtung ist jetzt die neueste Ausgabe meiner Lebensspuren, welche man, damit das Kind einen Namen habe, Werke zu nennen pflegt".* "Minha mais severa meditação segue agora à nova edição dos passos de minha vida que, para dar à criatura um nome, costuma-se chamar obras."[2] E outra vez: *"Alles, was daher von mir bekannt geworden, sind nur Bruchstücke einer großen Konfession".* "O que até aqui se conhece de mim consiste em fragmentos de uma grande confissão"[3].

Aqui tem vocês um exemplo preciso de como não é possível enfrentar teoreticamente nenhum feito humano de forma direta e, para dizer assim, caçá-lo a laço quando diante de nós galopa isolado, mas sim que é preciso chegar a ele tendo previamente uma teoria geral da vida humana cujos quadros e categorias nos permitem, como uma rede fina de malhas, prendê-lo com todo rigor. É evidente que não só as obras de Goethe, mas sim todas as obras de todos os escritores; mais ainda: todas as ações de todos os homens tem sido, são e serão

---

[2] Citação de uma carta de Goethe dirigida a Zelter no 23 de janeiro de 1815. (N. T.)
[3] Veja-se o sétimo volume da obra autobiográfica de Goethe *Poesia e Verdade* (*Dichtung und Wahrheit*, Stuttgart, [1812] 1991, p. 303). (N. T.)

"passos de vida". Tudo o que o homem faz — do pensar até o assassinar — o faz em vista das circunstâncias que constituem sua vida. A vida humana, portanto, o ser do homem é precisamente circunstancial ou ocasional. Quando Goethe diz que suas poesias eram "poesias de circunstâncias" parece-nos perceber que Goethe entrevia algo mais geral e mais radical, a saber: que todo poetizar é um poetizar de circunstâncias; mais ainda: que a condição humana é um *ser na* circunstância ou, digamos ser puramente circunstancial.

***

Sobre o fundo deste teorema geral sobre a vida pode resultar, pelo menos, inteligível minha opinião segundo a qual a relação entre as vivências, "*Erlebnisse*"[4] de Goethe e suas obras é, antes de mais nada, de uma grande distância. Entre aquelas e estas existe quase sempre uma fronteira mágica que separa dois mundos incomunicantes, como, segundo uma lenda medieval, o jardim do Virgílio estava separado do resto da terra por um muro de ar[5]. São, portanto, o que menos se parece com confissões; utilizava — "benutzte" — suas vivências, como ele mesmo repetidamente nos diz; mas utilizar

[4] A palavra alemã *Erlebnis* 'vivência' tem a raiz léxica *leben* 'viver' no sentido de *erleben* 'vivenciar, conhecer', *erfahren* 'experimentar, experienciar'. (N. T.)

[5] No jardim mágico de Virgílio cresciam plantas medicinais e o muro de ar impedia que chegasse inclusive a chuva (*hortus sine pluvio*). As lendas medievais sobre Virgílio foram estudadas em tempos de Ortega y Gasset por J. W. Spargo em *Virgil the necromancer* (Cambridge, 1934). (N. T.)

vivências é quase o contrário de confessá-las. Desde sua juventude inclusive comportou-se cruelmente com suas pobres experiências vitais. Triturava-as impassível para fazer delas literaturas. É curioso que ele mesmo acreditava e faz constar que elas dizem muito de si mesmo. *"Ich spreche immer von Ich"*, dizia — "sempre estou falando de mim". Porém o mim, o eu de Goethe, não era Goethe, mas sim um objeto precioso que tinha diante de si e no qual trabalhava assiduamente, como um ourives do Renascimento, Cellini[6], por exemplo, esforçava-se em cinzelar, um cálice para Clemente VII ou um medalhão para o *gonfaloniere*[7] Cesarino. O Goethe vivente, ou seja, o *homem* Goethe permanecia sempre invisível detrás do Goethe artificial que Goethe queria crer que era o verdadeiro Goethe. A meu juízo, como vocês estão vendo, trata-se de um dos casos em que é mais complicada a relação de um homem consigo mesmo. Tem-se destacado sempre, e com razão, a tendência objetiva de Goethe, mas não se extraiu desse certeiro diagnóstico toda a luz que sobre sua pessoa e sua obra pode-se destacar. Quando o próprio Goethe contrapõe seu modo de ser poeta ao de Schiller, qualificando-o de "ingênuo", enquanto ao deste chama "sentimental", não fazia senão dizer o que

---

[6] Benvenuto Cellini (1500-1571) foi um escultor e ourives italiano. A ópera *Benvenuto Cellini* de Berlioz com libreto de Léon de Wailly e Auguste Barbier trata de sua vida. (N. T.)

[7] Gonfaloneiro: aquele que portava o gonfalão, porta bandeira ou magistrado municipal de certas repúblicas italianas, na Idade Média. (N. T.)

acabamos de dizer com outras palavras. Ocorre que as suas são inadequadas. Goethe não tinha, nem em sua vida nem em sua obra nada de "ingênuo"; Schiller era quem, em comparação com ele, pode ser considerado como "*naiv*". Com o atributo de "sentimental" Goethe designava a ingenuidade de eterno adolescente e de pré-romântico que em Schiller havia, e o levava, com seu perfil afiado como um esporão de uma trirreme a sulcar cortante, resoluto, o pélago de seu destino. Ele era quem vertia diretamente seu ser íntimo e vivente em seu escritos, fazendo destes genuínas confissões. A *soi-disant* "ingenuidade", de Goethe, pelo contrário, consistia em fingir que ele, Goethe, não existia, senão fora dele, ali, no mundo exterior, havia um ente chamado Goethe que apenas tinha que ver com ele; um "Goethe objetivo" que se movia carregado de luminosos atributos ao lado da planta, do animal, da montanha e da estrela.

Graciosamente Cocteau[8] disse de Victor Hugo que era um louco que acreditava ser Victor Hugo. Esta engenhosa extravagância pode servi-nos com sua exageração como um modelo — no sentido que os físicos empregam este termo; portanto, como uma construção esquemática, que nos serve para entender a endiabrada complicação do homem Goethe, complicação endiabrada porque Goethe não era um louco, mas sim, pelo contrário, vivia em permanente estado de lucidez. Mas esta lucidez,

---

[8] O escritor Jean Cocteau (1889-1963) gostava de fazer comentários extravagantes em consonância com o código artístico do Surrealismo. (N. T.)

como toda sua existência, estava a serviço de uma figura artificiosa que o homem Goethe estava empenhado em fazer ser: o Goethe monumental. E o mais dramático do caso é que o homem Goethe nunca esteve completamente seguro de quais teriam que ser os traços desse Goethe monumental, e periodicamente se via obrigado a corrigir suas facções, como Velázquez[9] que passou a vida corrigindo seus próprios quadros, o que se tem chamado, com um termo utilizado pela gíria dos ateliês italianos, seus "pentimenti" ou "arrependimentos".

Assim quando observamos de dentro a vida de Goethe é como assistir constantemente à cena dolorosa e, às vezes, um pouco cômica de ver Goethe esforçado, desassossegado, inquieto, angustiado, buscando nos espaços do Universo... o Goethe, esse Goethe monumental que não era um homem, mas sim uma obra; em termos aristotélicos, que não era uma *enteléquia*, mas sim um *ergon*[10]. O que nesta torturada realidade da vida goethiana possa valer como um símbolo de algo análogo que tem ocorrido e segue ocorrendo ao povo alemão como tal povo, isso não vou expor agora. Alguma breve alusão ao tema será feita por mim na conferência que

---

[9] Alguns quadros de Diego Velázquez (1599-1660) escondem retoques que demonstram que era um perfeccionista: *As Meninas, O bufão Calabacillas*, diversos retratos de Felipe III e Felipe IV. (N. T.)

[10] *Ergon*, do grego: 'trabalho, obra'; *enteléquia*, do grego: *en* 'dentro' + *telos* 'finalidade' + *echein* 'ter', termo definido por Aristóteles como a realização de uma potencialidade natural que têm todos os seres, quer dizer, uma transformação segundo a finalidade interna do ser, em oposição às ideias platônicas que impulsam um desenvolvimento a partir de um ideal externo. (N. T.)

espero dar na *Freie Universität Berlin,* sob o título *De Europa meditativo quaedam.*

Boletim Editorial da Revista de Occidente, outubro de 1949
Tradução Ricardo Araújo

Goethe e seu entorno

Durante estes últimos meses tenho falado muitas vezes sobre Goethe nos lugares mais diversos: em Aspen[1] (Colorado), a 2.400 metros acima do nível do mar — exatamente a altura de nossa Peñalara[2] —; na magnífica cidade livre e hanseática, Hamburgo, hoje magnificamente mutilada, enfim dentro do imenso esqueleto que hoje é Berlim, a poucos metros da linha onde impera a grande banalidade que é a interpretação econômica da história. Nessas ocasiões e lugares tenho falado sobre temas situados no centro da grande realidade que é Goethe. Logo em Barcelona voltarei a falar do que, a meu juízo, é o ponto mais central desse centro. Porém hoje quero me dar ao gosto — que bem ganhei pelas fadigas desses meses — de abandonar o centro de Goethe e falar em volta dele.

Mas entenda-me desse modo. Proponho-me despontar e falar rapidamente de algumas questões referentes a Goethe, mas que poderiam se considerar periféricas e não centrais. Na realidade, toda essa imagem geométrica de centro e periferia, aplicada a uma vida humana, tem

---

[1] Em 1949 Ortega y Gasset participou no congresso *Goethe and the Modern Age* realizado em Aspen, Colorado, nos Estados Unidos. (N. T.)

[2] Montanha da província de Segovia, com 2430 metros de altitude. (Nota de Ortega y Gasset)

um sentido muito relativo e ultimamente inadequado. Pois tudo o que há em um homem, um homem faz e a um homem ocorre, lhe ocorre no centro de sua vida. De outro modo não seria nada. No ser humano, o ponto que chamaríamos centro é elástico e se dilata até coincidir com a periferia. Vice-versa, a periferia é o horizonte vital daquele centro e todos seus pontos miram o centro, são em referência a ele, diríamos, atraídos por ele. Depois disso, o mesmo ocorre com a figura geométrica. Nenhum ponto da circunferência seria ponto se não o apontasse sua relação com o ponto central.

E, não obstante, no estudo de um ser humano deve-se distinguir duas possíveis perspectivas. Em uma nos alojamos em seu centro e a partir dele contemplamos a periferia; na outra nos situamos na periferia e a partir dela mirarmos até o centro. Isto é o que hoje quisera fazer. Falemos um pouco em volta de Goethe — mas, entenda-se, sempre dentro de Goethe. Nada humano pode-se ver senão a partir de seu "dentro", porque o humano consiste em interioridade. *In interiore hominis habitat veritas*[3] — dizia e com muita razão Santo Agostinho. Vamos, pois, caminhando e ir um pouco por dentro da vida e da obra de Goethe, porém mantendo-nos em sua linha envolvente, diríamos, em sua fronteira, portanto, deixando fora de consideração seus temas mais medulares. São algumas questões que considero importantes, algumas das quais nunca tive ocasião

[3] Agostinho, *Liber de vera religione*, XXIX, 72. (Nota de Ortega y Gasset)

de tratar e desde as quais se nos ofereciam algumas visadas sobre o centro de Goethe, mas vistas tomadas de longe — de longe *dentro* dele.

Mas, ainda assim, não é nada fácil falar hoje congruentemente sobre Goethe. Porque se há alguém — e por alguém entendo tanto o homem como sua obra — que seja hoje uma magnitude problemática, o é certamente Goethe. E não por casualidade! Não creio que caiba mais intensa expressão de homenagem que declarar o que acabo de declarar. Porque se nos tem tornado por completo problemático, é por causa de que Goethe não significa uma anedota no sentido europeu, mas que nele é um feito visceral. De modo que não é possível tocar no mais mínimo ponto seu ser e sua obra sem que estremeçam todos os âmbitos da civilização europeia, quero dizer, todo o sistema de modos humanos que costumamos denominar "Europa". Pois bem, esses âmbitos, esse sistema de modos europeus nos tem tornado completamente um problema aos europeus. Tudo hoje na Europa é questionável. Como não poderia sê-lo Goethe? Mas já fiz constar em todos esses sítios onde recentemente tenho falado, que questionar todos os princípios europeus — todos sem exceção — não é coisa tão deplorável como pode parecer a quem, ao ouvir as palavras, até antes de entendê-las sofrem seu imediato impacto associativo e emocional. Como exemplo que esclarece este modo mau de ouvir, lembrem-se o jogo que utilizam com frequência as crianças e que consiste em perguntar a uma pessoa o que é que prefere, "quase salvar-se ou quase condenar-se". Os que não sabem ouvir escolhem logo a primeira, crendo, por mera repercussão associativa e emocional do termo "se salvar", que é o melhor do dilema, quando é o pior, pois certo é que é "condenar-se". Paralelamente digo que não é coisa tão má que hoje os europeus duvidem de todos seus princípios tradicionais, porque eu nunca vi que nenhuma civilização morra de um ataque de dúvida, e de outro lado, devo lembrar que muitas civilizações têm sucumbido por outro modo, vitimadas pela petrificação de sua fé, pela arteriosclerose de suas crenças.

Em semelhante circunstância, faltam-nos pontos cardeais de orientação e unidade de medida para nos colocar de acordo sobre Goethe. Porém, aparte esta razão prévia e geral que torna difícil falar dele e de sua obra, há esta outra mais concreta. Goethe, que em sua vida gozou, pelo menos aparentemente, de boníssima sorte, não teve tanto depois de sua morte. Porque oferecia matéria tão rica, variada e substanciosa, que imediatamente os filólogos caíram, como abutres, sobre o cadáver, mas em vez de fazer o que fazem primeiro os autênticos abutres, que é despedaçar o morto e tragar seus intestinos, seu "dentro", preferiram sepultar sua figura sob a imensa crosta de suas... eruditas precipitações.

Ínsula, dezembro de 1949.
Tradução Ricardo Araújo

Segunda conferência sobre Goethe em Aspen

A vida, essencialmente aquilo que não pode ser repetido, é precisa. Por isso Goethe se comprouve tanto em imaginar um supremo paradoxo na figura de Fausto: o homem que tenta repetir sua existência. Do meu ponto de vista este seria o tema deste segundo *address*, a saber: confrontar o modo como Goethe viu esta situação imaginária — uma vida que se repete — e como nós a vemos. Porque entre Goethe e o momento presente colocou-se em evidência um acontecimento intelectual de máxima importância: o cabal estudo de todas as faces do fenômeno "vida humana".

Ainda que pareça mentira, isto nunca se tinha sido feito. Esse desinteresse dos nossos pensadores ao fato que é o viver humano, é uma das grandes brechas que a civilização europeia ostentava vergonhosamente. De fato, é de se chamar a atenção que nas culturas mais antigas — na egípcia, na babilônica — os textos mais antigos que possuímos consistem em reflexões sobre esse fato — o que se chamou "literatura sapiencial" ou *sagesse*. No livro de Jó, exemplo do que é um dos textos mais antigos do *Velho Testamento*, tem-se aí uma mostra e um último eco dessa primogênita "literatura sapiencial". Mas entre nós apenas os poetas, no verso do poema e na prosa do romance, oferecem-nos alguns difusos vislumbres sobre o que é nossa vida, ou seja, sobre a realidade concreta.

E chamo a nossa vida — entenda-se, a de cada um — realidade concreta não porque seja a única realidade e nem porque seja a realidade suprema, senão porque é a raiz de todas as demais, uma vez que estas, sejam quais forem, devem, para que nos seja realidade, tornar-se presente ou se anunciar, de algum modo, nos âmbitos estremecidos da nossa existência individual. O próprio Deus para que seja Deus deve começar a queimar no arbusto de giesta à beira do caminho ou navegar sobre gólgotas de três varas como as fragatas. Faz apenas setenta anos que os filósofos começaram a se dar conta de que haviam deixado para trás esta realidade que precede a todas as demais e que se filosofavam era porque antes de filosofar já estavam vivendo. *Primum est vivere deinde philosophari* — "Primeiro viver, depois filosofar".

Essa realidade sempre patética que é a nossa vida, a de cada um — repito; a vida é sempre a minha, só se pode falar dela em primeira pessoa — tem entre outras estranhas peculiaridades a de que conforme vai ocorrendo, vai percebendo a si mesma, ou seja, vai averiguando e vai constatando o que é a vida. Esse saber de si mesma que nossa vida vai adquirindo, não é um saber científico, não é uma teoria, não procede de reflexões determinadas; é uma forma de saber que não se parece a nenhuma outra: é o que todos, os sábios ou as pessoas comuns, chamam "experiências da vida". A expressão é certíssima. Não procede de nenhum filósofo. Inventou-a o homem comum.

Essa expressão diz muito bem o que é o processo de nosso viver, é a própria série de coisas que nos ocorrem é aquela que nos apresenta o que é a nossa vida. Mas diz além disso que este saber não é como os outros, algo que fica de fora de nossa vivente realidade, mas sim que entra para fazer parte de nosso próprio viver, ou dito com outras palavras, que por um de seus aspectos nossa vida consiste na experiência da vida. A isso se deve, por exemplo, que um segundo amor seja, essencial e não apenas numericamente, em segundo lugar, porque sobre ele paira a experiência do primeiro. Deste modo o conhecimento de nossa vida vai se acumulando sobre esta e vai enriquecendo-a e modelando-a. O que se chama as idades do homem — infância, juventude, maturidade, ancianidade — mais que diferenças no estado de nosso corpo significam as etapas diversas da experiência da vida. Esta visão foi sempre como um caminho que tem que percorrer desde o berço à sepultura — mas é um caminho que, por dizê-lo assim, vai se dobrando sobre si mesmo, isto é, sobre nós. Levamos sobre nossos ombros o seu peso — sua tristeza —, de maneira que o homem vem a ser, por sua vez, o viajante, a rota e a bagagem.

Ora, o mais surpreendente dessa forma de aprendizado que é a "experiência da vida" consiste em que seja, quase por completo, intransferível. Não podemos transmitir ao próximo nossa "experiência da vida" e por isso, como já disse Dilthey, cada nova geração deve começar de novo a sua própria. O que sim se pode fazer, o que sim se deve fazer é refletir cientificamente sobre esse fato enorme e infinitamente proveitoso que é a experiência da vida. Então teríamos uma teoria dela que sim seria transmissível. É incrível, mas o caso é que não existe nenhum livro que tenha este magnífico título: Experiência da vida — acredito que eu seja o único professor universitário que tenha dedicado cursos inteiros sobre esse assunto. Eis aqui um tema esplêndido, caso sejam modernizadas estas reuniões de meditação coletiva nas alturas, reuniões que hoje já têm o nome de Aspen, para ser exposto, discutido e vivido neste nobre cenário sob a dupla inspiração que nos remetem o verde sorrir dessas colinas e a severidade desses picos congelados.

O dito, ainda sendo não mais que uma levíssima indicação, nos evidencia o extremo paradoxo que representa a figura de Fausto. Ela nos convidaria a imaginar o que seria uma vida humana que, ao começar, já carregasse sobre os ombros a tristeza de toda a experiência da vida, por tanto, de uma criança que, por sua vez, fosse já um velho, assim como os chineses acreditavam que Confúcio tinha nascido já com oitenta anos, ideia característica daquele estranhíssimo povo para o qual a forma suprema, o ideal da vida é a senectude, até o ponto de que, com sua refinada cortesia, quando um chinês cumprimenta a outro, por mais jovem que este seja, o primeiro que lhe diz quão velho lhe parece. Por isso, vá enunciado entre parêntesis, é coisa excessivamente improvável que consiga, de verdade e com seriedade, consolidar-se na China o comunismo, que é a forma infantil do Estado, que é, diríamos, o feto da sociedade humana.

No *Fausto* de Goethe, que é, sem dúvida, um dos picos mais altos na cordilheira poética, falta totalmente claridade com referência a isto, o mais fundamental da relação entre a segunda e a primeira vida do personagem. Fausto quer uma segunda vida porque está insatisfeito com a primeira, mas o fato é que ao entrar naquela e voltar a ser jovem parece ter esquecido o que já tinha vivido, de modo que não é propriamente uma segunda vida. Mas não pode ser meu tema de hoje a audaz tentativa de refazer o Fausto. Seria uma impertinência.

O grande poeta alemão Heine tinha vinte e sete anos em 1824. Já havia publicado seus *Gedichte* (Poemas), sua primeira antologia de poesias, e *Die Harzreise*, *El viaje al Harz* (A viagem ao Harz), que lhe haviam proporcionado um sucesso estrondoso. Satisfeito de si e petulante, visita Goethe naquele período. Este lhe recebe com a perturbação que sentia diante de todos os jovens escritores. Retenham isso para o que vou dizer em seguida.

Goethe perguntou a Heine o que ele tinha achado sobre a estrada de Jena a Weimar, famoso por sua esplêndida *Pappelallee*. Heine respondeu que tinha encontrado nele cerejas muito gostosas. Diante desta inconveniência Goethe ficou inquieto e para recuperar seu equilíbrio lhe perguntou: "O que está fazendo agora?", ao que Heine com um ar desdenhoso de *dandy* respondeu: "Estou compondo um Fausto". Goethe, naturalmente, apressou-se em terminar a entrevista.

O *dandysmo* foi a forma que havia tomado na Inglaterra a atitude romântica diante da vida, atitude que está repleta de frivolidade e impertinência. É curioso observar que os escritores ingleses atuais não conseguiram remover completamente em suas almas aquela toxina do *dandysmo*. Em um curso recente que dei sobre a grande obra de Toynbee, mostrei como, sob a aparente objetividade de seu estilo — estilo nada ágil e elegante, pelo contrário, plúmbeo — corre por debaixo do rio uma inesperada presença volúvel de *dandysmo*. Mas certa vez que Goethe teve que suportar uma vez a impertinência de Heine não é coisa de que eu me permita submeter-lhe a outra, propondo escrever outro *Fausto*.

Não acredito que alguém antes de Goethe tenha meditado tanto sobre a vida humana na Europa. Contudo, falta-nos um livro em que seus pensamentos sobre ela fossem reunidos, analisados e aprofundados e em vez de agrupar suas frases bem eruditamente para deslizar sobre elas, que se tomassem cada uma dedicando-se lentamente. E, a fim de exprimir seu íntegro sentido, que se estudasse não só suas palavras, mas também as próprias coisas das que Goethe se refere e que muitas vezes apenas vislumbrou vagamente. Outro dia tentei fazer isto, ainda que às pressas e em cifra, servindo-me destes três elementos do *idearium* de Goethe: sua ideia da personalidade, sua atitude diante da cultura e seu modo de ver as limitações do homem, o que na condição humana há de negativo. A isto chamo de encarregar-se de um autor — poeta ou pensador, e Goethe era ambas as coisas sempre e de um golpe —, encarregar-se de um autor em intensivo cultivo. Alguns, pouco atentos, acreditam que este método equivale a não falar de Goethe, mas é porque preferem falar dos autores não de maneira aprofundada, mas secamente. E ao fazer isto, esquecem do que mais irritaria Goethe: considerá-lo um santo.

Quando tentei expor o que há de mais original, profundo e decisivo na ideia goethiana da personalidade, demonstrei, de passagem, que era preciso libertá-la de outras fórmulas menos felizes que Goethe empregou para enunciá-la. Com efeito, a concepção goethiana da vida humana padece, como toda sua obra, de uma contraditória dualidade. Sempre considerei Goethe como o monstro Gerião que Dante descreve, cuja grande calda estava ainda submergida na água enquanto o seu torso descansava sobre a praia, daquele modo como fazem as barcas dos pescadores quando sobe a maré.

Goethe teve sempre a metade de seu ser enterrado na concepção naturalista do Universo e do homem que os gregos tinham imaginado e os humanistas europeus tinham ressuscitado. Acredita em uma natureza dotada de uma alma divina, natureza de que tudo — o mineral, a planta, o animal e o homem — faz parte e onde tudo encontra seu lugar adequado e é devidamente abastecido com o que necessita. Desta maneira a vida do homem aparece interpretada como algo análogo à vida da planta. A personalidade — *Persönlichkeit* — seria como uma semente, e o destino da pessoa, ou seja, sua vida, como um processo de evolução em que esta semente se desenvolve orgânica e docemente:

"Geprägte Form, die lebend sich entwickelt"[1]

Esta concepção herdada repito, dos gregos, é uma concepção naturalista, mais corretamente dita, botânica do homem e elimina de nossa vida toda sua constituição dramática. Esta concepção pertence a aquilo que se tem chamado a *Naturphilosophie* de Goethe, que na minha opinião é a parte menos importante de sua obra. Apesar de que lhe tenha sido dada muita atenção, ela não oferece um campo fértil para as nossas meditações. O homem nos aparece hoje, pelo contrário, como um ser que escapou da natureza, que discrepou do mineral, da planta, dos outros animais e se dedicou a aventuras naturalmente

---

[1] [Forma acalentada que, vivendo, desenvolve-se]. (N. T.)

impossíveis. O homem é o glorioso animal inadaptado. A natureza, tal como ela é, lhe contradiz, nega-lhe os meios para realizar seus desejos mais essenciais. Ele, não obstante, decidiu voltar-se contra ela. O homem é um rebelde, um desertor da animalidade. Esta é sua tragédia, mas é também sua dignidade. Quando aconteceu essa rebelião? Pode-se fixar aproximadamente a época. A história do homem está relacionada com as glaciações do planeta e o estudo destas nos permite supor que a espécie humana surgiu há um milhão de anos. O como e *o porquê* o homem escapou da animalidade e, portanto, da natureza, pode, pelo menos imaginar-se, mas não disponho agora de tempo para expor a minha ideia sobre a estranha vicissitude que sofreu instantes antes daquele momento, certa espécie de antropoides e que se transformaram naquilo, nesse ser completamente diferente de todos os outros animais, que fez deles homens, ou seja, criaturas dramáticas. A minha tese é antidarwinista sem ser ingenuamente criacionista. Inadaptado à natureza, não pode o homem realizar, sem mais, nela a sua humanidade, como o mineral a sua mineralidade e o cavalo a sua cavalidade. O homem, como *Hamlet*, dizia Mallarmé, *es le seigneur latent qui ne peut devenir*, o grande senhor latente que não pode vir a ser.

Por isso, o homem é o único ser infeliz, fundamentalmente infeliz. Mas, ao mesmo tempo, está inteirinho pleno de aspiração à felicidade. Tudo o que o homem faz, é buscando ser feliz. E como a Natureza não o permite fazer, em vez de adaptar-se a ela como os outros animais, ele se esforça milênio após milênio para adaptar a Natureza a ele, em criar com os materiais desta um mundo novo que coincida com, que realize seus desejos. Ora, a ideia de um mundo que se adapte aos desejos do homem é precisamente o que chamamos "felicidade". E os meios para conseguir essa acoplagem se chamam "técnica". Por isso o esforço técnico está instalado na própria raiz do ser humano. Mas a possibilidade de uma técnica ilimitada reside na ciência chamada Física. A Física é, pois, *organon* da felicidade humana e a instauração desta ciência — à exceção das intervenções sobrenaturais que, aliás respeito —, o fato mais importante da história universal. Mas até tal ponto a existência humana é substancialmente drama que esse instrumento de sua felicidade — a Física — pode se transformar, por sua vez, no terrível aparato de sua destruição.

Com a melhor porção de si mesmo, com aquela parte de si mesmo que emergia sobre as ideias tópicas de seu tempo, Goethe vislumbrava muito bem tudo isto. E por isso convém sublinhar a outra concepção que ele tinha da vida humana. Esta era completamente oposta àquela interpretação naturalista e botânica. Para isso, convém agrupar todas as expressões em que este sentido dramático de nossa existência ficam formuladas, e sobretudo convém pesquisar a própria vida de Goethe. Porque aquela sua vida foi o mais oposto a um desenvolvimento suave e orgânico tal como da vida dos vegetais. Goethe é um dos homens que mais sofreram apesar de que não lhe aconteceram graves desgraças. Por essa mesma razão, faz-se nela mais patente que para o homem viver é um contínuo lutar com o entorno para conseguir ser o que se tem que ser. Já velho, escreve a um amigo que desde a época em que atravessou em Roma a Ponte Molle para regressar a Alemanha — tinha trinta e nove anos — não tinha tido um só dia feliz. A biografia de Goethe está completamente por fazer. A maior parte das que existem foram escritas por professores universitários e alguns — conste que digo *alguns* — destes professores sabem pouco da vida dele porque a deles costuma reduzir-se à existência acadêmica e a vida acadêmica quase não é vida — é uma vida asséptica.

Tem se falado muito da serenidade de Goethe. Não pode haver erro maior. Dizer que sua vida foi serena é trocar a vida de Goethe por suas obras. Em sua obra se manifesta evidentemente uma decidida intenção de mostrar diante de nós o espetáculo de um universo sereno; mas esta serenidade se obtém a custo de incessante desassossego, dor e renúncia. Goethe foi um dos homens menos serenos que já existiram. Daí decorre seu constante mau-humor que os biólogos não têm referido devidamente. Luta, dia após dia, não apenas com a circunstância ao redor dele, mas também muito mais com a sua própria personalidade, porque ela lhe escapa sem cessar por entre as mãos, porque nunca esteve completamente seguro de quem era ou tinha que ser. O caso de Goethe é um paradoxo extremo. Goethe passou a vida em busca de Goethe, em busca dessa figura de si mesmo que se sentia chamado a realizar, a torná-la realidade. Por isso sabia muito bem que a vida não é um doce processo vegetativo, mas sim um *drama*. Quando o famoso escritor francês dos fins do século XVII e começos do XVIII, Fontenelle, completava seus cem anos, recebeu a visita de seu médico e, curioso de saber como um homem aguenta a existência em tão avançada idade, perguntou-lhe como estava e como se sentia. Ao que Fontenelle respondeu: *Rien, riendu tout! Seulement une certaine "difficulté d'être".* "Nada, nada. Somente uma certa dificuldade de ser". Podemos generalizar isto e dizer que sempre a vida de todo mundo é *une certaine difficulté d'être. Porque, como outro dia aludi,* a vida nos é dada, posto que não fomos nós mesmos que no-la demos. Pelo contrário, nos encontramos com nós mesmos ao entrar na nossa vida, sem saber como nem porquê, sendo obrigados a existir em uma circunstância determinada.

Mas essa vida que nos é dada, nos é entregue vazia e temos que preenchê-la a nosso favor, cada um a sua. Aquilo com que preenchemos nossa vida é o sistema de nossas atividades, tanto as sérias como as frívolas. Esse sistema de ocupações da vida dá a vida de cada um cada um determinado perfil e a questão, a grande questão, esbarra em se esse perfil efetivo de nossas vidas coincide pouco ou muito ou nada com o programa ideal de atividades que constitui nossa autêntica personalidade. A vida de Goethe, como a de cada um de nós, consiste na constante luta que se empreende entre ambos os perfis — o que efetivamente somos e o que sentimos que teríamos que ser. Quando estes últimos dias em Aspen uma senhora amável se aproximou de mim e me perguntou: "O senhor é o senhor Ortega?", me dava vontade de responder: "Senhora, sou-o apenas vagamente, sou apenas à *peu orès*, porque sinto demasiado que sou só uma remota aproximação ao que deveria ser, ao que teria que ser".

Diante daquela concepção botânica que pertence adequadamente à juventude de Goethe, em sua velhice, lá para o fim da segunda parte de Fausto, mostra-nos qual é para ele a "última palavra da sapiência" nos famosos versos:

Ja! Diesem Sinne bin ich ganz ergeben,
Das ist der Weisheit letzter Schluß:
Nur der verdient sich Freiheit wie das Leben,
Der täglich sie erobern muß.[2]

A vida é, pois, algo que não nos foi presenteado, mas sim algo que cada um constrói, mais ainda, algo que necessitamos conquistar. A expressão não corresponde à

---

[2]   [Sim! A esta ideia me entrego por completo, / esta é a última palavra da sabedoria: / que apenas merece a liberdade e a vida / quem cada dia tem que conquistá-las para si]. (N. T.)

vida inerte do vegetal: significa luta, combate cotidiano e enérgico, chocando-se com a *difficulté d'être*. O homem tem que conquistar a si mesmo. Pelo contrário, a planta não parece ser agressiva. E esta é "a última palavra".

Não é, pois, naquelas fórmulas da sua "filosofia natural" em que a vida humana aparece confundida com as outras vidas naturais e que contém a mais íntima verdade de Goethe a respeito de nossa vida, senão aí onde, fazendo ligação com o outro lado da tradição antiga, Goethe enumera os grandes fatores composicionais de nossa vida. Macrobius relata que de acordo com a doutrina antiquíssima dos egípcios, quatro divindades presenciam o nascimento do homem: *Daimon*, o espírito interior, o poder elementar que é nosso caráter; *Anankê*, ou seja, as necessidades implacáveis de nossa condição [humana]; *Eros*, isto é, a capacidade de sentir entusiasmo; finalmente, *Tyche*, o acaso. É surpreendente a coincidência desta antiquíssima concepção de nossa vida com o que recentemente encontramos ao propor a radical análise da condição humana. Goethe reconhece esses quatro ingredientes da nossa existência descobertos por tal sabedoria antiga, mas adiciona mais um, o menos botânico que se pode imaginar: *Elpis*, a esperança.

O *Daimon* ou poder elemental, a *Anankê* ou conjunto de necessidades implacáveis em que o ser vivo se encontra envolvido são fatores que intervêm na existência de todas as criaturas do Universo. Mas o *Eros* ou entusiasmo, a *Tyche* ou consciência do acaso e *Elpis* ou esperança, são patrimônio exclusivo do homem. A planta, por exemplo, não espera nada; somos nós que esperamos que cada nova primavera floresça e cada novo verão nos traga a sua colheita de figos. É uma pena que não tenhamos tempo aqui para meditar sobre o acaso. Disso Goethe não tinha ilusões. Seu olho de águia, brilhante e frio, olhava sem piscar a realidade e percebeu — talvez como nenhum outro homem desde os tempos mais primitivos — que tudo em nossa vida tem dependido ultimamente do acaso. Todas as leis físicas e biológicas não são suficientes para assegurar-nos minimamente a respeito do que nos acontecerá dentro de alguns instantes. Isto nos deixa claro o que há de mais estranho na condição do homem nesse instante.

Nos momentos em que verdadeira e fundamentalmente é, o homem está sempre antes de tudo vivendo no futuro. Isto é o que originariamente nos atrai, isto é, o que nos importa. Por quê? Porque o porvir é por essência o que não sabemos como vai ser, nem sequer sabemos se dentro de uns minutos ainda existiremos. Viver como presença do futuro é estar em algo completamente problemático. O que vai acontecer no mundo e, portanto, a cada um de nós dentro de um ano? Não o sabemos. O amanhã é, por definição, inseguro. E como para o homem, de acordo com o que acabei de dizer, viver é originariamente ser ou estar no porvenir, a raiz da existência humana é a consciência dessa insegurança. Constantemente estamos projetados no futuro, atentos a ele, preocupados e vigilantes quanto ao que possa acontecer. Somos, pois, porvir e, entretanto, não o dominamos. O amanhã, ou seja, o futuro é precisamente o que não está em nossa mão. Diante da orgulhosa e cega fé em sua estrela que Napoleão O Grande sentia, como acontecia a todos os ditadores, gritava-lhe, em verso, Victor Hugo:

Prince, l'avenir n'est à personne
Prince, l'avenir n'est qu'à Dieu![3]

Essa indocilidade do porvir, esta sua não submissão a nossa vontade, esta dolorida consciência de que o mesmo pode acontecer-nos amanhã, uma coisa que outra, nós a representamos sob a fisionomia de um poder misterioso, sem rosto nem personalidade, inexorável e depreciativo que chamamos de Acaso. Se pudéssemos entrar aqui no estudo do homem primitivo, eu tentaria expor às senhoras e aos senhores como o *Acaso* é, o primeiro Deus diante do qual a humanidade curvou-se. Mas esse Deus primevo, o Acaso, não possui inteligência, não tem vontade, não tem compaixão, nem sensibilidade alguma. Dependência pura e simples — assim Schleiermacher definia a religião — "*das Bewußtsein der schlechthinnigen Abhängigkeit*".

[3] [Alteza, o porvir não é de ninguém / Alteza, o porvir é só de Deus!]. (N. T.)

Depender pura e simplesmente de um poder sobre o qual não cabe exercer a menor influência, que é surdo, que é cego, que, a rigor, é... Ninguém — é demasiado horrível e, por isso, os homens tiveram que imaginar figuras de deuses mais acessíveis, a quem se pudesse abordar com a oração, o culto e o sacrifício. E essas figuras de deuses acessíveis foram postas como máscaras tranquilizadoras, sobre o Deus Acaso, para ocultar o Deus primevo que não tem rosto.

Assim, pois, nosso viver consiste primitivamente em um estar projetados sobre o porvir. O futuro é a insegurança. Esta insegurança é administrada e regida pelo poder irracional do Acaso. Se, como dissemos antes, a vida é um sistema de atividades, nossa função primeira é ocupar-nos do nosso amanhã. Mas o porvir é o que ainda não é — portanto, significa ocupar-nos antecipadamente de algo. Os afazeres com o porvir são pré-ocupações. O porvir nos ocupa porque nos preocupa. A isto reagimos buscando meios para garantir essa insegurança. Então retrocedemos do porvir e descobrimos o presente e o passado como arsenais de meios com que podemos contar. Ao chocar, pois, com o futuro que não temos em nossa mão, quicamos nele e somos lançados em direção ao que temos: presente e passado. Desta maneira surgem a técnica e a história. Mas é evidente que não poderíamos fazer isso se diante da terrível insegurança que é o Acaso não houvesse no homem uma última confiança, tão irracional como o próprio Acaso: a Esperança. E aqui vocês têm combinadas, articuladas, as duas potências especificamente humanas que Goethe destaca em seu inventário da vida humana: a eventualidade e a esperança.

Mas o meu tempo se esgotou quando era justamente a ocasião para aproveitar todo este raciocínio e tentar um confronto da atitude de Goethe diante do futuro e do passado frente a nossa. Porque a insegurança que é o porvir não se apresenta sempre ao homem com a mesma intensidade. A época de Goethe é, talvez, aquela, na história de toda a humanidade, em que o futuro pareceu menos inseguro, pelo menos, no que se refere à coletividade humana. Acabava de ter sido inventada a ideia e a fé no Progresso, segundo a qual a Humanidade chegaria inevitavelmente à felicidade, num processo infinito, mas seguro. Em vez disso, talvez nunca o futuro humano tenha apontado, com tão terrível violência, a vacilante ameaça que o constitui, como nos anos que vivemos. E assim considerar que o nosso porvir é problemático no superlativo. Não cabe, pois, estabelecer diferença maior na situação vital, do que a já existente entre Goethe e nós. E, como, conforme disse, descobrimos o passado ao nos chocar contra o futuro, existe uma correlação entre ambos e em um modo de sentir o amanhã corresponde a outro modo de sentir o pretérito. O passado, incluindo nele o presente, é a única arma que temos para enfrentarmos o porvir. Por isso, deveríamos perguntar-nos: como o passado se apresenta aos homens cujo futuro é o mais problemático que a espécie humana encontrou diante de si? O que é para nós o passado? Neste momento não posso responder esta pergunta porque já esgotei todas as toneladas de atenção que tão generosamente vocês me dedicaram nesses dias. Permitam-me dizer-lhes que vocês são os m Senhores milionários da paciência. Fique, pois, o assunto em um enorme sinal de interrogação que se levanta diante de nós como um gigantesco laço de gaúcho ou de cowboy.

Gostaria também de ter falado um pouco sobre o Eros, sobre o amor ou entusiasmo e isso nos teria levado a exprimir o sentido daqueles dois últimos versos que termina e culmina, completamente o Fausto:

Das Ewig-Weibliche
Zieht uns hinan![4]

Para Goethe, pelo visto a missão fundamental da mulher na história é impulsionar, atrair o homem, ou — o que dá no mesmo — a mulher, mais do que mãe, irmã, esposa ou filha, deve ser mulher, simplesmente mulher. Porém paradoxalmente, quando atrai o homem para si, leva-o para cima, na direção das alturas — pelo que se entende, para a sua mais alta perfeição. Em que consiste este mágico poder de atração —, este *Anziehung* que possui a mulher, que, mesmo sem fazer

4 [O eterno feminino nos impulsiona para cima!] (N. T.)

nada, meramente sendo, exerce tal poder sobre nós, enquanto ela permanece quieta como a rosa em seu rosal? Por que, resumidamente, a mulher é atrativa? Que o seja não pairam dúvidas. Mas alguma vez já foi perguntado de verdade por que ela o é assim? Com essa última pergunta, que se impõe a todos nós, recolho-me ao silêncio.

1950
Tradução Sidney Barbosa

CADASTRO
ILUMI//URAS

Para receber informações
sobre nossos lançamentos e
promoções envie e-mail para:

cadastro@iluminuras.com.br

Este livro foi composto em *Minion* e terminou de
ser impresso nas oficinas da *Meta Brasil Gráfica*,
em Cotia, SP, sobre papel off-white 80g.